中華文化承傳

中册

編　　著：施仲謀　杜若鴻　鄔翠文
編　　審：杜振醉　康一橋　侯玉珍
編務統籌：方世豪

北京大學出版社

圖書在版編目（CIP）數據

中華文化承傳（中册）/施仲謀，杜若鴻，鄔翠文編著. —北京：北京大學出版社，2006.1

ISBN 978-7-301-09477-8

I.中… II.①施… ②杜… ③鄔… III.傳統文化—中國—青少年讀物 IV.G12-49

中國版本圖書館 CIP 數據核字(2005)第 107958 號

書　　名：中華文化承傳（中册）
主　　編：施仲謀
副 主 編：杜若鴻
編　　著：施仲謀　杜若鴻　鄔翠文
編　　審：杜振醉　康一橋　侯玉珍
編務統籌：方世豪
插　　圖：沈宇翀　姚　凱　胡　晶
　　　　　徐熙熙　游文婷　劉彥鵬
責任編輯：張弘泓
標准書號：ISBN 978-7-301-09477-8/G · 1591
出版發行：北京大學出版社
地　　址：北京市海淀區中關村成府路 205 號　100871
網　　址：http://www.pup.cn
電子信箱：zpup @ pup.pku.edu.cn
電　　話：發行部　62750672　編輯部　62752028
　　　　　郵購部　62752015　出版部　62754962
印 刷 者：北京宏偉雙華印刷有限公司
經 銷 者：新華書店
　　　　　650 毫米 × 980 毫米　16 開本　40.5 印張　700 千字
　　　　　2006 年 1 月第 1 版　2007 年 8 月第 2 次印刷

序 一

《中華文化承傳》在經過許多學校試用、反覆修改後終於正式出版了。這是香港教育界、出版界的一件值得慶賀的事。

我實在喜歡這套書；我相信香港青少年朋友也會喜歡這套書；我還相信，如果把這套書譯成英、法等文字，也會受到廣大華僑、華人和外國朋友的歡迎。

爲甚麼？

這套書給人們提供了每個中國人所應了解、每個喜歡中國或想了解中國文化的人需要了解的中華文化輪廓；全書深入淺出，輕重適宜，活潑靈動，依次遞進，趣味盎然，引人入勝；選材和行文頗費編寫者們的苦心，做到儘量與香港生活切近；創造性地與語文課程相結合，可以使同學們擴視野，長知識，開思路；每個專題都提出「思考」或「反思」，給同學和老師發揮想像、思索、補充的巨大空間，體現了學習中華文化的目的不只是增加知識，更重要的是懂得一個國家、一個民族應該怎樣把握自己的命運，怎樣不斷前進。

中華文化博大精深，源遠流長，爲人類文明史上所罕見。相比之下，這套書所涉及的不過是滄海一粟，但卻可以使讀者略窺中華文化的全貌。

需要特別提到的是，現在世界各國、中華大地、港澳台同胞正以前所未有的興趣關注中華文化，學者們正在探索如何普及中華文化的基本常識；恰在此時，這套書出版了，無疑對海內外起到了帶頭和示範的作用，包括對祖國內地，都有著重要的參考價值。

我希望儘快地把這套書推向內地和海外——以滿足中華民族兒女們了解自己民族文化的渴望。我也希望這套書在推廣中不斷吸取學生、老師和社會賢達的意見和建議，修訂得越來越完善，越來越受到廣大青少年朋友的歡迎。

許嘉璐
北京師範大學漢語文化學院院長
全國人大常委會副委員長

序 二

文化是人類在歷史發展過程中一切活動的總和，涵蓋政治、經濟、教育、社會、科技、宗教、道德、藝術等多個範疇。我國具有五千年的悠久歷史，文化自是博大精深，往往叫求知者難以入手。爲此，香港大學中文系、香港中華文化促進中心和香港教育工作者聯會攜手合作，於二零零三年展開「初中中國語文科中華文化教學研究及實驗計劃」，藉此凝聚海内外專家學者的知識和力量，制定初中階段中國語文科的文化學習大綱，並按照大綱編訂學習材料，協助學生打開中華文化的寶庫。

一套三册的《中華文化承傳》叢書，以輕鬆活潑的調子，帶領同學透過神話故事、民間傳説、社會習俗、語言文字、學術思想、宗教人生等二十四個單元，全面而有系統地認識中華文化。單元内每一篇章均經過精心編排，内容深入淺出，知識與趣味並重。更難得的是，這些篇章除了傳授文化知識之外，還引發讀者的反思和認同，産生教化的作用。

我熱切期望同學們都喜歡這套叢書，不但掌握中華文化知識，更藉著文化反思，加强對國民身分的認同。

羅范椒芬

香港特别行政區教育統籌局常任秘書長

《中華文化承傳》出版題慶

文化傳承
弘教樹人

中央人民政府駐香港特別
行政區聯絡辦公室教育科技部
二零零五年五月六日

中央人民政府駐香港特別行政區聯絡辦公室
教育科技部部長初志農先生題辭

「中華文化承傳」出版之慶

薪火相傳

香港中華文化促進中心主席
香港大學副校長
李焯芬敬賀

香港中華文化促進中心主席
香 港 大 學 副 校 長　　李焯芬教授題辭

五千年文化
百萬里山河

香港大學中文系主任單周堯教授題辭

敬賀《中華文化承傳》出版

弘揚中國文化

香港教育工作者聯會會長 楊耀忠

香港教育工作者聯會會長楊耀忠先生題辭

前言

一、研究背景

中華文化的承傳是全世界炎黄子孫共同關心的課題。文化教學的目標是爲了使我們的下一代增進對優秀中華文化的認識、反思和認同，提高批判性思維能力，培養正確的倫理道德觀念，加强對國家和民族的歸屬感，並爲進行文化思辨、衡量傳統文化對當今世界的意義奠定基礎。但文化教學具體應怎樣進行？其核心教材應怎樣制訂？文化教學應如何因應不同學習階段學生的認知能力而有所側重？這些問題一直是教育界所關心的，但對此作深入研究的卻尚未見。

香港的中國語文教學，一向較爲强調語文能力訓練而忽視中華文化的承傳。直至1990年的課程綱要，始正式要求「培養學生對中國文化的認識」。2000年的「中學中國語文課程指引」及2004年的「小學中國語文課程指引」，將語文學習分爲閱讀、寫作、聆聽、説話、文學、中華文化、品德情意、思維及語文自學等九個範疇，中華文化才正式列爲語文學習的範疇之一。

目前預科課程設有「中國語文及文化科」，對象是預科的學生；在大學裏，對中國文化的研究則主要在學術層面；而初中學生的文化普及仍有很多拓展的空間。中國語文科新課程頒布後，怎樣系統地把繁富的中華文化結合「中文教學」、「品德情意」和「從生活中去體現」的教學目標是我們熱切關心的課題。然而，綜觀坊間有關中華文化知識的教材，大部分都以預科學生爲對象，針對廣大初中程度的學生，並配合新課程綱要的文化讀物，尚有待開發。

新的語文教學鼓勵學生自學。然而，因爲課程要兼顧多個學習範疇，其中以「閱讀」、「寫作」、「聆聽」、「説話」四範疇爲主，「中華文化」屬配合性質。如何配合？「課程指引」未有清晰的導向，教科書在鋪排中華文化學習内容方面存在著一定難度，多家出版社出版的現行初中中國語文課本，其中華文化知識大都採用較爲隨機的灑點式布局，文化知識點狀如斷珠散豆，並未建構出一個較爲完整的學習系統。因此，制訂初中中國語文科中華文化的學習大綱，編訂適合初中學生閱讀的文化讀物，實乃當務之急。

香港大學中文系於2003年獲優質教育基金撥款，與香港中華文化促進中心、香港教育工作者聯會攜手合作，並邀請教育界、文化界和出版界資深人士擔任顧問，計劃以兩年爲期，制訂初中階段中國語文科中華文化的學習大綱，然後據此編訂合適的中華文化閱讀材料，並組織學校進行實驗。同時以文化講座、工作坊、文化常識問答比賽等方式相配合，以期引起全港初中語文教師、學生和社會人士的參與，從活動中推廣優秀的中華文化，提高他們學習文化的興趣，啓導深入思考文化問題。

二、制訂教學大綱

中華文化的範圍非常廣闊，小學、初中、高中各階段學生的生活經驗、學習興趣、知識水平和能力發展亦各異；因此，我們首先制訂了一個初中中華文化教學大綱，以作爲整體的指導方向。教學大綱是如何制訂的呢？由於中華文化源遠流長，博大精深，可説是包羅萬象，因此，小學、初中、高中各階段應學習甚麼內容，就是首先要解決的問題。研究小組背後有一個高質素的顧問團，成員包括文化學、課程學、教育心理學等方面的專家、中學校長及資深教師，除港澳的學者專家外，還包括內地、台灣、新加坡、泰國、印尼、菲律賓以及歐美等國家和地區的代表。制訂大綱之前，研究人員從今天的社會現實出發，先以問卷方式作意見調查，充分考慮學科本身及教師、學生、家長的需求，同時結合顧問委員會的意見，逐步修訂、完善，做到以學生爲本，以適切性爲原則，符合初中階段的需要，所規定的學習範疇及文化知識點以學生在初中階段必須掌握的爲基準。具體大綱以顧問委員會的意見、教師和學生的回響綜合研究，力求具代表性。

研究人員參照中國語文課程大綱及有關文獻，訂定24個範疇，並據此劃分學習單元，略如下表：

神話故事	民間傳説	社會習俗	傳統節日
河山風貌	名勝古蹟	禮儀情操	工藝服飾
飲食文化	康樂文娛	文學作家	名篇佳作
倫理道德	經濟貿易	交通傳訊	科學技術
藝術欣賞	人文教化	語言文字	修辭語彙
治亂興衰	歷史人物	學術思想	宗教人生

至於各範疇的詳細內容，請逕參考附錄之《中華文化學習大綱》。

三、編寫文化讀物

《中華文化承傳》共分3冊，每冊8個單元，每單元有8至10篇文章，24個單元共222篇。文化讀物的編寫原則如下：（一）內容的深淺程度切合初中學生的心智發展水平。（二）文化知識的學習與品德情意的培養相結合。（三）在介紹文化知識的同時，輔以探究性的問題，啓導學生進入文化反思和認同的層次。（四）以「知識小品文」的體裁，透過輕鬆活潑的叙述筆調介紹文化知識。（五）圖文並茂，以提高學生的學習興趣。

本書力求做到趣味性、知識性、文學性、思辨性與現實性兼具。「趣味性」目的是激發學生的學習動機，使學生積極主動地學習；「知識性」用以引導學生了解中華文化，並掌握其菁華；「文學性」是指善用詩詞韵文、警語名句貫穿文章，以富有文學色彩的筆墨感染學生，引起共鳴；「思辨性」在於引領學生進行反思，認同中華文化，讓傳統文化的精神叩開學生的心扉，增强民族自尊和自信；「現實性」則用來拉近學生生活，將「知」與「行」結合起來，在生活中體現優秀的中華文化。

四、進行教學實驗

爲保證中華文化讀物的「科學性」，教學實驗是不可或缺的。我們選定十五所中學進行有關的教學實驗研究，並定期舉辦培訓班及工作坊，指導參與實驗學校的教師掌握文化讀物的編寫精神、施教方法、評估方式以及如何推展活動等。每個單元的篇章由教師於課堂上進行評估，並由研究人員作統計分析。研究人員並定期用問卷方式，向學生收集意見，再結合專家建議，綜合研究，逐步完善學習大綱的建構和讀物的編撰，集思廣益，精益求精。

文化教材内容的深淺程度拿捏是否準確，以學生的反響最能得出結論。因此，實驗的目的也就是爲難以確定的文化點找出立項的根據。而這個實驗，是建立在一個系統化的評估基礎上。評估方法略述如下：

（一）對教材素質的評估

中華文化教材素質的評估是指對大綱内容和篇章撰寫方式等方面的評價。評估的方式以「質性」進行，分階段性評估和總結性評估。方式如下：

1. 以學生爲本，根據學生的評估成績、讀後感及讀書報告等作「質性」的綜合分析，以改進教材不足之處。

2. 設計問卷，定期向學生和教師搜集修訂的意見；有關意見經綜合分析後，再諮詢專家，以達致總結性的評估。

（二）對學生學習成效的評估

學生學習成效的評估是從「量性」的研究方式進行的，同樣分階段性評估與總結性評估。分述如下：

1. 學習成效從多次的評估中得出。評估由教師在課堂上進行。教師擔當推動和監督的角色。收回的評估試卷交由研究人員批改，並存檔以作量性的統計分析。

2. 爲確保文化教材的適切性，根據學生的評估成績統計分析後，逐步進行修訂。

五、結語

《中華文化承傳》的正式出版，是我們對中華文化研究的一項階段性成果，期望引起海内外文化教育界先進的注意，進一步就小學至大學每個階段的文化教學作深入探討，以促進21世紀中華文化教學的全面實施。

施仲謀
杜若鴻 謹識
二零零五年十月

目錄

單元三 文學作家

單元四 名篇佳作

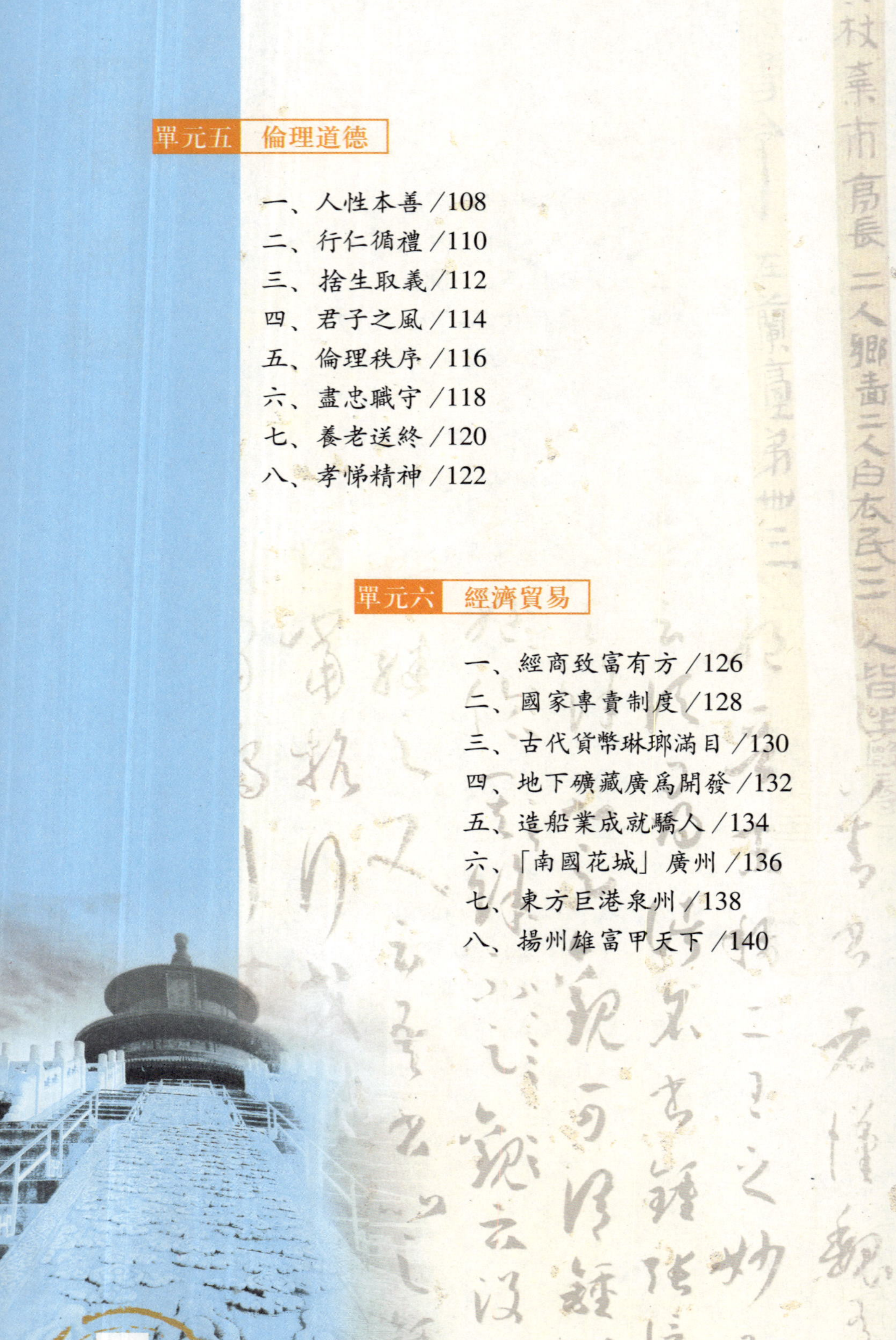

單元五　倫理道德

單元六　經濟貿易

目錄

單元七 交通傳訊

單元八 科學技術

中華文化承傳

單元

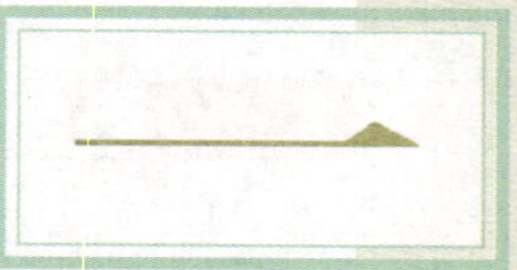

飲食文化

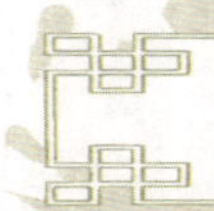

宴席之上講禮儀

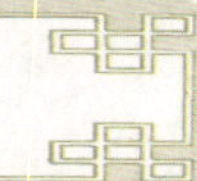

想一想

1. 爲甚麽在宴會中要「排座次」呢？
2. 爲甚麽在宴席上要推讓尊長先起筷？

皇帝吃飯講排場

中國人傳統重「禮」，宴席禮儀自然成爲飲食文化的一個重要部分。古書説：「夫禮之初，始諸飲食。」就是説一切禮儀，都是由飲食開始的。

宴席禮儀源遠流長，不同朝代、不同階級、不同宴席有不同的禮儀，形式和内容豐富多彩。上自帝王將相，下至黎民百姓，莫不以禮居先。當中，以古代宫廷皇家的飲宴最爲講究，爲人所樂道。末代皇帝溥儀曾説：「耗費人力、物力、財力最大的排場，莫過於吃飯。」原來，皇帝吃飯時，身旁會有幾十名穿戴整齊的太監侍候。食物方面，由器皿以至菜餚的款式和數量等，都有明確的規定。平日菜餚兩桌，冬天另設一桌火鍋，還有各種點心、米膳、粥品三桌，鹹菜一小桌。此外，食器皆繪有龍紋並寫上「萬壽無疆」的字様。爲甚麽吃一頓飯，要這麽多的繁文縟節呢？因爲皇帝吃飯不僅僅爲了填飽肚子，更重要的是爲了體現他至高無上的地位。

仿宫廷飲宴的情景

賓客排座次

古代不少飲食的繁文縟節在今天已經被淘汰了。可是，宴會上的一些禮儀，卻一直保留下來。

宴會的一般程序是，主人以請柬邀客，席前迎客於門外。作爲客人，赴宴要注意儀容，根據宴會性質決定是否攜帶小禮品。宴會中，要明確自己的身分，聽從主人安排才可以入座。這種「英雄排座次」，是中國食禮中最重要的一項。座次「尚左尊東」，宴會首席爲地位最尊的貴客或輩分最高的長者，而末席爲一般親友或輩分較低的人。今天，我們出席一些宴會時，仍然會發現有一兩桌是屬於主家的，位置多設於台下最前列，作客者不可貿然入座，否則有失禮儀。

不論是圓桌或方桌，是中國或者是西方國家的飲食文化，都有「排座次」的禮儀。那是爲甚麼呢？原來，「排座次」表現了人與人互相尊重的美好品德。

讓尊長先起筷

中國傳統的倫理觀念，十分講究敬老尊賢。除了迎接、讓座之外，在宴會開始後，每上一道菜，都應該推讓地位最尊或輩分最高的人先起筷，或者先給尊長挾上餸菜，然後大家才可進食。如果貴客或長者尚未起筷，自己就搶先挾餸，那是有失體統的。還有，依照慣例，客人出席宴會，是不會吃光桌上的菜餚的，以免令主人家誤以爲菜餚預備不足而感尷尬。

時至今天，中國社會還保留了不少宴席禮儀，從中人們可以學會互相尊重，讓人際關係更加和諧。

今日宴席格局

共享一席話家常

想一想

1. 在甚麽情况下，中國人會大排宴席呢？
2. 你知道中國有哪幾種馳名的宴席嗎？

名席迎合大眾口味

中國的宴席種類繁多，不同的烹飪技巧形成了各自獨特的風味。如洛陽水席，共有24道菜，葷素、冷熱、甜鹹、酸辣俱全，已有一千多年的歷史。爲甚麽稱作「水席」呢？這名堂原來有兩層含義。一是每道菜餚離不開湯水；二是吃一道換一道，一道道上，如流水一般。其中，水席中的頭道菜叫「燕菜」，它的得名是有一段故事的。

傳説在武周時期，天下太平。有一年秋天，洛陽某田園長出一個長約四尺的大蘿蔔，農民視爲天賜之物，上貢朝廷。武則天見了，龍顔大悦，傳旨廚師做菜。廚師心想：「這樣平凡的蘿蔔，如何能夠煮成美味的佳餚呢？」苦思了一番，對蘿蔔進行多道精細加工，並配以山珍海味。武則天一吃，讚不絕口：「此湯鮮美可口，味道好像燕窩一樣。朕就賜名爲『假燕窩』。」因爲「假燕窩」是洛陽水席的主菜之一，所以後來改名爲「洛陽燕菜」。

除了洛陽水席外，中國還有滿漢全席、孔府宴、魯菜席、蘇菜席、冷菜席、全鴨席等。這些宴席都能不斷創新，迎合大眾的口味，所以深受各方食客歡迎，成爲中國飲食文化的一大特色。

從分餐到會餐

中國宴席一般都會採用圍桌會食的方式，主客共享一席，與西方的自助餐形式有明顯的差異。不過，古時候，中國也曾經採用類似自助餐的分餐飲食形式。

原來上古時代，中國是沒有桌椅的，人們一般席地而坐。吃飯時，席前會擺放一張矮小的食案，案上放著碗、杯、勺等食具，食具盛滿酒菜，人各一份，獨自進食。隨著社會進步，桌椅逐漸普及，分餐進食制漸漸被淘汰。唐代的時候，皇室與官宦人家的飲宴，已經將菜餚置於高桌大案上。宋代以後，出現大型圓桌和八仙桌，八人以上共食的形式很普遍。今天，會餐制已經成爲中國宴席的特色。

氣氛和睦而熱鬧

中華民族對飲食的方式十分重視。俗語說，「飲食所以合歡也」，每逢嬰兒滿月、婚嫁、壽辰、過年、節日等，中國人都會大排宴席，老少聚首飯桌前，慶賀一番，分享內心喜悅之情。此外，若有人去世，其家人也會在葬禮完成後設下「解穢酒」，宴請出席葬禮的親友，表達謝意。人生的離合散聚，彷彿都離不開宴席。

宴席——其最重要的意義是建立一個平臺，讓人們可以閒話家常，談天說地，互相分享樂與愁。因此，在中式酒宴中，氣氛總是熱鬧的。這種「共享一席」的飲食方式，表現了和睦、團圓的文化氛圍。

時下宴會場面

筷子靈活功能多

想一想

1. 中西方的飲食器具有甚麽不同之處?
2. 爲甚麽不可以用筷子敲打碗盤?

由骨匕到筷子

看一看，你能不能猜對下面的謎語：

姐妹兩人一樣長，厨房進出常成雙。
甜酸苦辣千般味，總讓她們先來嚐。

怎麽樣，猜對了没有？如果一時猜不到，没關係，看看下文，自然就「水落石出」了。

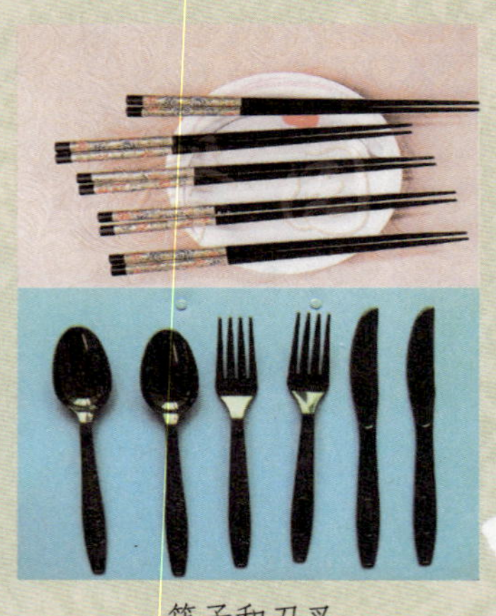
筷子和刀叉

如果按人類進食方法來分類，可以分爲三類：用手指、用叉子、用筷子。而人們談到中西飲食文化的差别時，常説中國是「筷子文化」，西方是「刀叉文化」。商代的銅筷子是中國最早的筷子，那麽商代以前的人是怎樣吃飯的呢？是用手指嗎？考古學家在黄河流域的新石器遺址中，發現了七千年前我們祖先用來吃飯的骨匕。這些骨匕主要是以獸骨製作的，形狀可以分爲匕形和勺形兩種，類似西方的餐匙和餐刀。後來，從商代開始，筷子慢慢代替了骨匕的地位，成爲了中國主要的飲食器具。

用筷子，有禁忌

原來，現在我們通稱的筷子，在古代稱爲「箸」，意思是指幫助吃飯的工具。爲甚麼後來又稱爲筷子呢？其中有一種說法指古人講究忌諱，而「箸」同「住」諧音，「住」有停止的意思。人們都希望一帆風順，便改作「快」字。由於「快子」多是由竹製成，在「快」字上冠以「竹」頭，便成了「筷」字。

使用筷子時，還有別的禁忌。還記得小時候，長輩會告訴我們不可以用筷子敲打碗盆。你知道是爲甚麼嗎?原來古時候，只有乞丐討食時才會敲打碗盆。用筷子擊打餐具，發出「叮叮噹噹」的聲響，是對飲食不滿意或對上菜遲緩的一種抗議。這些都是不禮貌的，所以應該避免。

筷子兆吉祥

筷子靈活無比, 有挾、撥、挑、扒、撮、撕等多種功能，凡是手指能做的動作, 筷子大多能完成。於是，有人寫下了這樣一首詩讚美筷子：

莫笑筷子小，日日伴君餐。
千年辛苦史，盡在雙筷間。

筷子除了作爲餐具外，還廣泛運用在中國不同的民俗禮儀中，所以中國的「千年辛苦史」，也與筷子有密切的關係。

由古至今，漢族都視筷子爲一種吉祥器物。古代的時候，人們會以筷子鬧新房，取「快」的諧音，以筷子寓意「快生貴子」。今天，人們仍會以筷子作爲婚宴的賀禮。此外，筷子還廣泛用於祭禮，特別是祭祀祖先或鬼神方面。有些少數民族更會用筷子治病、求婚和占卜等。

有人稱讚筷子是「萬能餐具」，也有人誇讚筷子是世上最簡單、距離最短的搬運工具。很久以前，筷子便遠傳日本、韓國和越南等地，影響不可小覷。

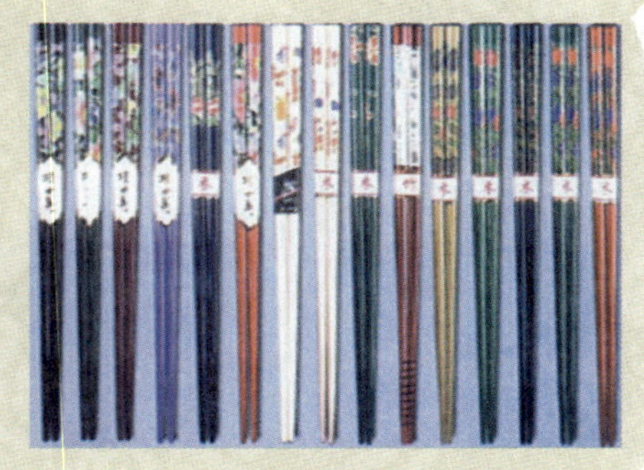

包裝精美的筷子

盆菜熱潮，別有風味

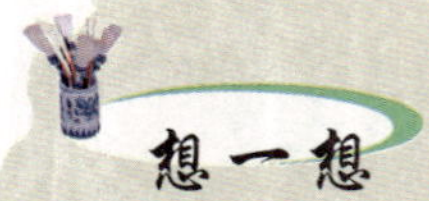

1. 你知道「盆菜」的來源嗎？
2. 香港有不同款式的盆菜，你知道它們的名稱嗎？

招待皇帝的大餐

令人回味無窮的香港地道美食——盆菜，是新界圍村的傳統美食，已有數百年的歷史了。你知道它的來歷嗎？

據説南宋末年，元兵南下，宋帝和臣子倉皇出逃，途經新界。那時候，新界村民驚見皇帝駕臨，各家各戶都忙不迭拿出各式美食，如豬肉、鴨、魚、蘿蔔、冬菇等，慇懃招待。可是因爲時間太過倉卒，盛載食物的器皿不足，村民只好把所有菜餚盛載於大木盆中奉客。不料，皇帝和大臣品嚐後，都讚不絕口。村民興奮不已，就將這種大餐命名爲「盆菜」。

盆菜

地道的香港美食

近年來，香港掀起了「盆菜熱潮」。每逢節日喜慶，不少酒樓和快餐店都會推出盆菜。爲了吸引更多客人，盆菜的款式不斷推陳出新，有客家盆菜、海鮮盆菜、素菜盆菜、潮州盆菜、西式盆菜和一人盆菜等，盆菜的材料變得更加豐富，也更加多元化。

「盆菜熱潮」的興起，令盆菜跳出新界圍村的牆垣，成爲香港別有風味的地道菜餚。

和睦平等的含意

盆菜是香港特有的飲食方式，具有獨特的文化意義。它的產生和傳承，體現了人與人之間「和睦」和「平等」的精神。

以前，每逢喜慶日子，圍村的居民都會在門口貼上紅紙，其他村民看見了，便會自動赴宴吃盆菜。在宴會中，沒有任何的儀式，如迎賓、敬酒和送客等，主人和賓客都可以不拘小節，閒話家常，舉杯暢飲，氣氛既熱鬧，又和諧。一場盆菜宴，盡顯村民和睦相處、不分彼此的融洽關係。

此外，盆菜獨特的宴席禮制，也表現出「平等」的精神。傳統的一席盆菜可供八位賓客食用。由於盆菜宴的席數可能會多達幾十至百多席，所以會採用「流水式」的方式上菜，即坐滿八人便開一席，「先到先吃」，不論貧富，不分親疏，大家可以平起平坐，共同進餐。

村民形容盆菜的精髓是「大時大節，一家人，聚首一堂」。遇上喜慶日子和祭祀時節，村民都會大排宴席，設下盆菜款待賓客，共享歡樂，當中所體現出的飲食文化的內涵可不是一個「吃」字能涵蓋得了的。

賓客享用盆菜，氣氛熱烈

百菜百味，色香兼備

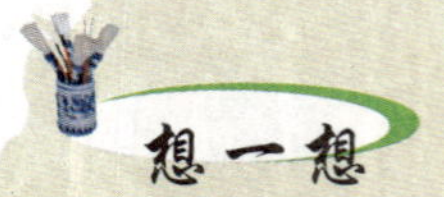

想一想

1. 你知道「麻婆豆腐」的來源嗎？
2. 你知道中國有多少個菜系嗎？

「麻婆豆腐」揚名全國

你喜歡吃辣嗎？如果你點頭，那麼你就一定得嚐嚐四川菜。川菜中的麻婆豆腐就以「麻、辣、鮮、酥、嫩」揚名全國。

據説清朝時，成都有一間「陳興盛」飯莊，主廚是店主陳春富之妻劉氏。劉氏臉上滿是麻子，大家都稱她爲「陳麻婆」。當時萬福橋是油商運油的必經之處，所以很多商旅行客都會到「陳興盛」來吃飯。食物中以豆腐價錢最便宜，所以很受客人的歡迎。可是，時間久了，客人都吃膩了煎、炒、煮、炸的豆腐菜色。

一天，一位運油的商人拿出菜油，請陳麻婆燒一道與眾不同的豆腐菜色。麻婆心靈手巧，就用辣椒、豆豉、豆瓣醬、青蒜、花椒末和黃牛肉末，燒了一道麻辣鮮香的豆腐佳餚。客人品嚐後，讚不絕口，便稱爲「麻婆豆腐」。一傳十，十傳百，「麻婆豆腐」之名不脛而走。

川菜除麻婆豆腐外，久負盛名的菜餚還有：乾燒岩鯉、魚香肉絲、宮爆雞丁、夫妻肺片、燈影牛肉、擔擔面、賴湯圓、龍抄手等。在烹調技法上，有炒、煎、烘、炸、熏、泡、燉、糁、焖、燴、爆等五十多種，並以味多、味美、味廣見稱，因此又有「吃在中國，味在四川」的説法。

「八大菜系」各有千秋

除了麻辣，中國菜還有甚麼口味呢？民間流傳一首《全國口味歌》：

安徽甜，湖北鹹，　福建浙江鹹又甜。
寧夏河南陵甘青，又辣又甜外加鹹。
山西醋，山東鹽，東北三省鹽帶酸。
黔贛兩湘辣子蒜，又辣又麻數四川。
廣東鮮，江蘇淡，少數民族不一般。

一首簡簡單單的民歌，引出中國菜不平凡的一面。正因爲各地不同風味的菜餚，使中國菜具有「百菜百味」的特色。

中國有「八大菜系」，分別指山東、四川、江蘇、浙江、廣東、湖南、福建、安徽的風味菜。「八大菜系」各有千秋，擁有自己獨特的風味。如蘇州菜餚善用燉、焖、烤、煨等烹調方法，其菜品細緻精美，格調高雅；廣東菜善用燒、煲、軟炸、軟炒、清蒸等烹調法，菜品風格清麗瀟脫，刻意求新。可見「八大菜系」的風格各具特色，富於變化。

原則共通，演繹各異

精湛的烹調技藝、豐富的佳餚和風雅的掌故，使中國飲食成爲一種藝術，滿足了人們視覺、味覺和嗅覺的享受。

中國烹飪藝術強調「色、香、味」三者兼具。例如：廚師會選擇青、紅、黃、白等顏色，作爲菜餚的配料，令菜色美觀；中國人也善用不同的香料，如蔥、薑、蒜、酒、八角、桂皮、麻油、胡椒等，使菜餚香噴噴，令人「食指大動」；廚師也追求「五味調和」，所謂「五味」，即甜、酸、苦、辣、鹹。每種食物都有自己獨特的味道，廚師要選擇合適的調味料，才能煮出色香味俱全的菜餚。

概言之，中國地大物博，由於氣候、物產和風俗的差異，各地的飲食習慣和烹調方法迥然不同，廚師演繹各異，形成豐富的地方菜系，塑造出精彩的飲食文化。

造型獨特的菜餚

名酒佳釀韻味長

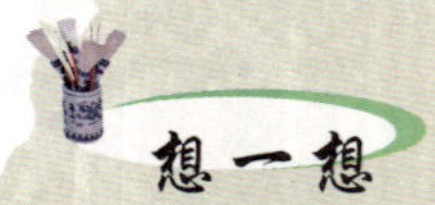

想一想

1. 你知道酒的起源嗎？
2. 你知道「忘憂」和「歡伯」是甚麼意思嗎？

杜康製酒，傳爲佳話

常言道，人生不如意事，十常八九。面對人生的煩憂，曹操有詩寫道：

何以解憂，唯有杜康。

你知道「杜康」是指甚麼嗎？民間流傳著這樣一個故事：據説古時候，有一個孤兒，名字叫杜康。每天，杜康上山牧羊，都會帶秫米①團作午餐。但每當他想到逝世的父母時，心情十分憂傷，也沒有心思吃東西了，便將秫米團棄在樹洞中。漸漸地，樹洞中的米團越來越多，杜康也越來越消瘦。其叔父以爲杜康生病了，便弄了麴粉給他吃。杜康仍舊將麴粉扔在樹洞中。此後不久，杜康便聞到從樹洞傳来的一股芬芳的香味，又發現洞中有些液體緩緩地溢出。杜康喝了一口，味道很好。他想：「爲甚麼樹洞會有這樣的液體呢？」杜康想到這些液體是由秫米團和麴粉發酵而成的。杜康回到村裏，便用秫米團和麴粉釀造出一罎罎香味撲鼻的液體，村民品嚐後，都讚不絕口。

原來，杜康是中國製酒的「鼻祖」。後來，人們尊杜康爲「酒聖」，杜康更成爲酒的代名詞。曹操詩中所説的「杜康」，指的就是酒。

名酒美名，爭奇鬥巧

中國人最早掌握釀酒技術，甲骨文中已有關於酒的記載；酒文化歷史悠久，文人雅士爲酒所起的別名很多。有人稱酒爲「忘憂」和

① 秫米：即高粱米，爲釀酒常用的糧食之一。

「歡伯」，表示酒能夠令人忘掉憂愁，帶來歡樂之意。又有人稱酒爲「杯中物」，這個別稱更廣泛用於詩詞中。如詞人辛棄疾词有句：「問人間，誰管別離愁，杯中物。」另外，有趣的是，某些和尚貪杯破戒，便稱酒爲「般若湯」①。

不同的名酒，各有爭奇鬥巧的美名。有以產地命名的，像茅台酒、紹興酒、劍南春等；有以製酒的主要材料命名的，如五糧液、竹葉青、五加皮等；有以歷史人物命名的，如文君酒、貴妃酒、太白酒、十二金釵酒等等。

「國酒」茅台，馳譽世界

在這林林總總的名酒中，你知道中國的「國酒」和「禮賓酒」是甚麼嗎？試先看看人們是怎樣讚美它的：

茅台美酒盛名揚，與眾不同韻味長。

茅台酒屬白酒，是酒精度高達53度的烈酒。但是，它烈而不燥，酒液純淨透明，口味香醇綿柔，常出現於國宴盛筵，因此贏得「國酒」和「禮賓酒」的美譽。

原來，茅台酒能夠名揚中外，是有一個故事的。據傳在1915年的巴拿馬國際博覽會上，因爲茅台酒包裝差，主辦機構不容許它參展。幸好，一位中國隨行代表急中生智，將一瓶茅台酒故意摔碎。頓時，整個會場酒香四溢，代表們都爲這來自中國的佳釀的香醇吸引住了，品嚐後更讚不絕口，嘖嘖稱奇。最後，茅台酒獲評爲世界名酒第二名，與蘇格蘭威士忌、法國白蘭地合稱爲「世界三大名酒」。

除茅台酒外，中國人喜愛的名酒，还有四川的五糧液、劍南春、紹興加飯酒和山西的汾酒、竹葉青等。

茅台酒

五糧液／劍南春／加飯酒／汾酒／竹葉青

① 般若：音 bōrě，本義爲瞭解一切事物的智慧。

酒伴禮俗行

1. 你知道甚麼叫「節令酒」嗎？
2. 爲甚麼中國古代不少文人都喜歡喝酒呢？

無酒不成禮

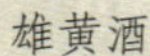
雄黃酒　　菊花酒　　屠蘇酒

中國人很早就有喝酒的風俗，酒文化早已融入了社會的習俗中。傳統有「節令酒」，在不同的節日，人們會喝不同的酒。如在端午節喝雄黃酒，重陽節喝菊花酒，春節喝屠蘇酒等。今天，這些習俗已經慢慢淡化了。可是，在歡樂的節日或喜慶的宴會中，人們仍然會以酒助興，增加熱鬧的氣氛。

古語説：「非酒無以成禮，非酒無以成歡。」由古至今，中國有不少禮俗是與「酒」有關係的。嬰兒滿月的時候，我們會設「滿月酒」慶祝；新婚之夜，夫婦會同飲「合巹酒」，象徵永結同心；喪事完畢，主人家會設下解「解穢酒」，宴請參加喪禮之親友。

文人與酒結下不解緣

古時候，文人喜歡聚在一起吟詩作賦，飲酒作樂。中國不少文人都與酒結下了不解之緣，其文學成就與酒有著千絲萬縷的關係，如陶淵明、李白、杜甫、白居易、歐陽修和辛棄疾等。爲甚麼他們那麼喜歡喝酒呢？原來，不少文人都是以酒寄情，抒發自己的喜怒哀樂，得意時以酒助興，失意時則借酒澆愁。詩人李白在仕途失意時，與友人聚會飲酒，高歌「人生得意須盡歡，莫使金樽空對月」、「鐘鼓饌玉不足貴，但願長醉不願醒」。李白借酒澆愁，抒發人生短促，青春易老，自己又功業未成的愁緒。歐陽修在出任滁州知州時，經常與賓客到瑯琊山的一座亭中宴飲。他酒量不大，往往稍飲幾杯就會微醉，因而自號「醉翁」，並將這座原無名稱的亭子命名爲「醉翁亭」，寫下了《醉翁亭記》的美文，傳頌千古；而文中「醉翁之意不在酒，在乎山水之間也」一語，更是膾炙人口。

李白月下獨酌

古代文人特別喜歡遊玩山水，陶醉於自然山水的秀麗景色，若能觥籌交錯，更是倍增其樂。

淺酌怡情，豪飲亂性

古人說：「酒逢知己千杯少。」由古至今，在不少喜慶場合，主人家都會以美酒待客，舉杯暢飲，共享歡樂。可是，怎樣才不會讓人們酣飲至醉呢?古人就定下「酒過三巡」之禮。「酒過三巡」是指客人喝完三杯酒後，要自覺放下杯子，退出酒宴，自我節制。可是，現代社會有不少人養成了酗酒的陋習，對自己和家人造成很大的傷害。「酒過三巡」之禮，也許可以給我們一點啟示，讓我們明白「淺酌怡情，豪飲亂性」的道理。

青少年年紀尚小, 有飲酒的習慣已是不該，更遑論酗酒鬧事了。

茶濃情更濃

1. 你知道是誰最先發現茶的嗎?
2. 中國是茶的故鄉，你可以説出多少種類的茶?

神農氏嘗百草

神農氏雕像

世界各國都稱中國是「茶的故鄉」,茶也被稱爲中國的「國飲」。有人曾經這樣形容茶的重要性:「得與天下同其樂，不可一日無此君。」大家對茶一定不會陌生，可你知道是誰最先發現茶的嗎?

據説五千多年前，神農氏擁有一個透明的肚子，進食後能看見食物在腹中的變化。神農氏爲了採摘更多的草藥，於是決定嚐遍所有的植物。一天，神農氏吃了一種嫩葉後，看見葉子在肚子内不停地流動，好像在檢查甚麽似的。最後，胃腸裏一切髒東西都不見了。神農氏根據嫩葉的功能，就稱它爲「查」，遇見有人患病，便讓人吃「查」祛病去毒。後來，「查」逐漸改稱爲「茶」。

今天，茶被視爲健康的飲品，更有人稱它爲「萬能藥」，因爲茶除了可以解熱防暑和消除疲勞外，也有預防衰老、抗癌、祛眼病和治療皮膚病等功能。

名茶故事多

除藥用的價值外，人們也追求茶的色、香、味。怎樣才可以稱爲「名茶」呢?俗語説:「名山名寺出名茶，名種名樹生名茶，名人名家創名茶，名山名水襯名茶，名師名技評名茶。」可見要成爲名茶，並不容易，必須具備許多條件，加以多方品評。

每種名茶，背後往往有一個故事，爲人傳頌。如「碧螺春」就有這樣的來歷：話說有一年，蘇州附近的洞庭山碧螺峰，不知道是甚麼原因，山上突然出現了很多茶樹。老百姓都爭先恐後上山採茶，竹簍裝不下了，就揣在懷裏。過了不久，每個人的身上都散發出香味，大家異口同聲地說：「嚇煞人香！」原來，懷裏的茶葉受到熱氣，就發出陣陣的香味。從此以後，百姓都稱這種茶葉爲「嚇煞人香」。有一年，康熙皇帝到蘇州遊玩，品嚐過「嚇煞人香」後，也十分喜愛。可是，康熙覺得名稱不雅，於是題名爲「碧螺春」。

除了碧螺春之外，中國的名茶還有西湖龍井、武夷大紅袍、安溪鐵觀音、黃山毛峰等。

洞庭山碧螺春

西湖龍井

武夷大紅袍

安溪鐵觀音

黃山毛峰

以茶待客

俗語說：「美酒千杯難成知己，清茶一盞也能醉人。」由古至今，中國都有「以茶待客」的風俗，這已經成爲了約定俗成的禮儀。如果客人來訪，主人家沒有泡茶招待，會視爲失禮的。

古人形容飲茶是：「一人得神，二人得趣，三人得味。」確有幾分道理。試想，閒暇之時，一人品茗，正可「偷得浮生半日閒」。而三兩知己共聚，滿室茶香，大家促膝談心，也是人生樂事。至於七八人一起喝茶，氣氛更是熱鬧，可以高談闊論，天南地北無所不談。如果說：「酒逢知己千杯少」，那麼，茶又何嘗不是如此呢？古詩寫道：「寒夜客來茶當酒，竹爐湯沸火初紅。」以茶待客，體現了「茶濃情更濃」的內涵。

品茶學問高

想一想

1．你知道誰是中國的「茶聖」嗎？
2．你知道「茶藝」與「茶道」的分別嗎？

「雁哺兒」茶聖

《茶經》是世界上的第一部茶書，作者是陸羽。《茶經》問世以來，廣爲傳播，人們尊陸羽爲「茶聖」。陸羽的一生充滿傳奇，民間流傳著這樣的故事：

陸羽畫像

話說古代的時候，有個和尚住在龍蓋寺，名叫積公。一天，積公看見一群大雁聚在河堤上，不停地搧動翅膀，他很好奇，走近一看，竟發現一個被遺棄的嬰兒，有幾隻大雁正在給他哺食。積公動了慈悲心，便把孩子抱回寺中撫養，他想爲這個孩子起個名字，就對孩子說：「我是在雁羽的翼下發現你的，你就叫陸羽吧。」

歲月如梭。陸羽長大成人後，積公便安排陸羽負責煮茶。從這時候開始，陸羽便對茶的種種產生了濃厚的興趣。爲了對茶有更多的認識，陸羽攀山涉水，走遍茶葉的生產地區，收集了大量有關種茶、製茶和沏茶的資料。經過多年努力，陸羽寫成了中國第一部茶書——《茶經》。

茶藝與茶道

《茶經》內容豐富，對採製茶葉、烹茶器皿、泉水優劣、喝茶習俗，都有詳盡的記錄。《茶經》豐富了中國茶藝與茶道的內涵，對中國茶文化影響深遠。

所謂「茶藝」，是指製茶、沏茶、品茶的藝術。陸羽十分注重茶藝，對製茶的方法和沏茶的器具、用水、火候都有嚴格的要求。品茶方面，陸羽對各地茶葉和泉水的優劣都有評價。他對茶藝的規範要求，一直影響著後人。

所謂「茶道」，是指透過茶藝，培養個人品格修養和陶冶性情。古時候，有人把喝茶的好處總結爲「十德」，包括「茶可雅心」和「茶可行道」，認爲飲茶是可以提高品德修養的。近代，更有學者提出希望人們透過茶藝學習「廉、美、和、敬」，培養勤儉育德、互愛互助的精神。

中國的茶藝和茶道，對日本的茶文化也有很大的影響。今天，日本的茶道仍保留沏茶和飲茶的指定方法和禮儀，追求修心養性和互相尊重的精神。

消閒與聯誼

香港生活節奏快速，能有閑情逸致品茶的人不多。可是，中國茶道的精神卻一直流傳至今。

每逢假日和節日，香港的茶樓生意總是特別旺盛，顧客要排隊輪候。香港人平常親友相聚，都喜歡相約上茶樓，沏壺好茶，嚐嚐美食點心，「偷得浮生半日閒」，亦是一樂也。今天，飲茶已經變成了聯絡感情的方法，這不正是中國茶道精神的一種表現嗎？

面對忙碌的生活，如何令身心舒泰呢？俗語說：「飲杯茶，吃個包。」簡簡單單的一句話，道出了香港人喜歡喝茶的生活習慣。除了藉此以消除疲勞外，更重要的是拉近了人際間的距離。

品茶情景

食療保健康

1. 你知道「食療」的意思嗎？
2. 你知道誰有「食療鼻祖」之稱嗎？

伊尹治病，對症下藥

伊尹畫像

古語有云：「醫食同源」、「藥補不如食補」，道出了中國人對食療的重視。所謂「食療」，是以食物醫治或預防疾病。中國食療源遠流長，已有五千多年的歷史。當中，更有不少有關食療的佳話，膾炙人口。

相傳商代開國功臣伊尹，曾經在王宮的廚房工作，地位低微。一次，商王受了風寒，臥病不起，身體經常冒冷汗和顫抖，巫醫用了很多方法和藥材，都起不了作用。「國不可一日無君」，大臣都憂心忡忡，不知如何是好。這時候，伊尹烹煮了一碗熱湯給巫醫，告訴他：「大王喝完這碗湯，自然藥到病除。」巫醫聽後，忍不住哈哈大笑起來：「這樣的湯有甚麼了不起，竟說能讓大王康復？」一位大臣說：「唉！我們不可以放棄任何機會。」於是，商王把湯一口氣喝完，然後蓋上棉被呼呼大睡。第二天，商王的病真的痊癒了。一群大臣和巫醫紛紛前來向伊尹請教神奇的藥方。伊尹道：「每個人的體質各有不同，藥物只要調配得當，自然可以治病。醫者最重要是瞭解各人體質上的差異。」商王聽後，覺得伊尹很有智慧，就提拔他作爲輔佐。

據說伊尹是用桂枝、生薑、甘草、紅棗烹煮熱湯的。後來，這藥方成爲了專治感冒的名方——桂枝湯，而伊尹也被稱爲中國的「食療鼻祖」了。

蜂蜜　雪梨　百合　枇杷

「寒底」、「熱底」，各有禁忌

從「食療鼻祖」的故事中，我們可以發現中國食療是很重視個人體質的。有沒有聽過別人説自己的體質是「熱底」或是「寒底」？那又是甚麼意思呢？

原來，人的體質可分爲「熱底」或「寒底」。若是「熱底」體質，平常忌食燥熱傷陰的食物，如羊肉、辣椒、白酒等；而「寒底」體質的，則忌食寒涼的食物，如涼瓜、西瓜、雪糕等，不然就很容易生病。

很多食物對身體都是有益處的，可是，一定要調配適宜，才可以發揮食物的效益。例如：老人的體質較弱，所以紅棗、白果等難以消化的食物，是不宜食用的；秋天的時候，氣候涼爽乾燥，最好食用滋陰的食物，如蜂蜜、雪梨、百合、枇杷等。

營養均衡，「食後養生」

其實，食療是很簡單易行的。首先，飲食要有節制，營養要均衡。古語説:「五穀爲養，五果爲助，五畜爲益，五菜爲充。」古人提出日常飲食要以穀類爲主，肉類要適量，蔬果不可缺少。種類不同的食物都要兼而取之，這樣才能夠得到全面的營養。

「食後養生」也是食療之道。民間流傳一句諺語:「飯後百步走，活到九十九。」古人又説:「食後摩腹，能除百病。」無論是緩慢步行或者是以手輕輕按摩腹部，都可以促進食物的消化，對身體有益。

從不同體質、不同年齡、不同季節、不同時間而定下的食療之道，可見中國人對飲食的講究。

中華文化承傳

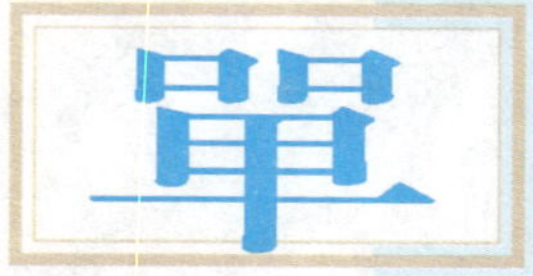

單元二

康樂文娛

少林武術講武德

1. 你能說出多少個武術門派呢？
2. 你知道甚麼是「武德」嗎？

少林三問

問：少林寺真的有十八銅人陣和木人巷嗎？

答：在武俠小説或電影中，少林寺設有十八銅人陣。其實，這只是小説杜撰的。少林寺確實有十八木樁，是僧人習武的設施。所謂「木人巷」，可以理解爲「練功房」。

問：《易筋經》是少林絕世武功秘笈嗎？

答：在武俠小説或電影中，《易筋經》被描寫成一本武功秘笈，只要得到它，就可以成爲武林高手。其實，《易筋經》並不是甚麼武功秘笈，書中只是教授一些健體的方法。

問：「天下武功出少林」，對不對？

答：不對，中國功夫出自各門各派，並非都來自少林。

「少林拳」絶招

嵩山少林寺

河南省登封縣嵩山少林寺是少林武術的發源地。從民間流傳「天下功夫出少林」的説法，可知少林武術在中國武術發展史上佔有極重要的地位。

早在南北朝的北齊時代，少林寺就出了兩位武功高强的和尚，分別是惠光和僧倜。據説惠光和尚年僅十二歲時，已經可以站在井欄杆上踢毽子，一口气能踢五百多下。少林武術從隋末唐初開始聞名於世。李世民削平群雄的時候，少林僧人志操、惠瑒、曇宗等曾經幫助他擒拿敵人，立下大功。後來，李世民賜給少林寺40頃田地，曇宗和尚更被封爲大將軍。從此以後，少林寺聲名遠播。

少林拳備受尊崇，人們用「秀如貓，抖如虎，行如龍，動如閃，聲如雷」來形容它。少林拳的技擊法重實用，没有多少花架子，動作樸實，招式多變，有小洪拳、大洪拳、老洪拳、少林虎戰拳、少林羅漢拳、少林石頭拳等幾十種。少林寺除了以少林拳出名之外，少林棍法亦是武林一絕。《武備志》說：「諸藝宗於棍，棍宗於少林」，將少林棍術列爲各家棍法之首。

八打八不打

在中國武術界流傳著這樣一句話:「未曾學藝先學禮，未曾習武先習德。」這就是人們常說的「武德」——練武本身就是一種情操和人格的修行，武術存在的目的是自衛，並不是傷害别人。

少林武術就有「八打八不打」的説法。所謂「八打」就是:一打眉頭雙眼，二打唇上人中，三打穿腮耳門，四打背後骨縫，五打肺腑胸膛，六打撩陰高骨，七打鶴膝虎脛，八打破骨千斤。而所謂「八不打」就是:一不打太陽爲首，二不打正對鎖口，三不打中心兩臂，四不打兩肋太極，五不打海底撩陰，六不打兩腎對心，七不打尾閭風府，八不打兩耳扇風。其實，凡是不打的地方都是一些致命的要害，學武之人必須切記。

此外，中國武術也講求「先禮後兵」，意思是比武前，要先行禮再開拳，與對手進行公正的較量，千萬不可用暗器傷人，突然襲擊對手。

中國武術内容豐富，武功千變萬化，使人讚歎不已。可是，更值得我們欣賞的是武德，它反映了中華民族熱愛和平的精神，我們要學習和發揚這種精神。

少林武術表演

體育活動多面觀

想一想

1.「蹴鞠」是指哪一種體育活動？
2.甚麼叫體育精神？

蹴踘與踢足球活動

古代雖無「體育」一詞，實際上卻擁有豐富多彩的體育活動，它是古代文明的重要組成部分。在古代，稱踢足球爲「蹴鞠」，亦稱「蹋鞠」。「蹴」、「蹋」均是用腳踢的意思，「鞠」就是球。戰國時期，蹴鞠已經成爲相當流行的娛樂遊藝活動了。

蹴鞠活動

相傳漢高祖劉邦統一天下後，便把父母接到長安城的宮殿居住，以報答養育之恩。可是，他的父親劉太公入宮以後，整日悶悶不樂。漢高祖見了，心想：「爲甚麼父親會這樣子呢？難道他不喜歡宮裏的生活嗎？」劉邦派人私下打聽消息後，才知道父親懷念在家鄉與老朋友一起玩「蹴鞠」的活動。於是，他決定倣照家鄉的原貌興建一座新城，並邀請劉太公昔日好友來居住。從此以後，劉太公又可以和老朋友一起玩樂，他這才重展笑顏。

唐代的時候，這一項體育活動在民間普及至婦女和兒童。在宋代，又發展成不用球門的蹴鞠活動。

從捶丸到高爾夫球

捶丸——《明宣宗行樂圖》

早在13世紀前後，中國就已經流行一種和現代高爾夫球非常近似的運動，名叫捶丸。它是由唐代一種拿球杆徒步打的球類遊戲發展而來的，流傳到宋元時期，稱爲「捶丸」。當時，上至皇帝大臣，下至平民百姓，皆樂此不疲。元朝的時候，更有一本專門論述捶丸的著作——《丸經》。

根據《丸經》的記載，進行捶丸一般是在有地形變化、凹凸不平的空曠場地。在場地上挖一些比丸稍大的球穴，在其旁插上彩旗作爲標記。捶丸比賽形式可以選擇分組或不分組，要遵守嚴格的規定，如不能妨礙他人擊球、不能隨便移動球的位置、不能換球棒等。

清兵入關後，興起了一些新的體育活動，捶丸才漸趨没落。捶丸與現代高爾夫球的形制、運動規則等都很相似，有學者認爲捶丸可能由蒙古人於1214年前後傳入歐洲，並演變成爲現代高爾夫球。

體育活動講求禮讓

在中國傳統體育項目中，相當一部分是從軍事活動中發展起來的，如蹴鞠、打馬球、扛鼎（舉重）等，都是從軍事訓練中逐漸演變出來的。漢武帝時，將軍霍去病遠征塞外，在缺乏糧食的情况下，仍然舉行蹴鞠比賽，以此鼓勵士氣。古人認爲蹴鞠是訓練士卒、提高戰士軍事質素的一種方法。

中國傳統社會特別重視人倫和道德教化。在體育競技中，特別講求禮讓。而西方體育則提倡競爭，主動出擊。中國與西方體育在競技方面形成鮮明的對比。

今天，我們看到的一些國際性體育活動，如球類、棋類、舉重、相撲、滑冰運動等，都可以在古代體育活動中找到相似的痕跡，從中可加深對中國源遠流長的體育文化的認識。

棋局盤盤新

1. 你知道圍棋的棋子是甚麼顏色的嗎？
2. 如何才能够成爲圍棋高手呢？

御賜「勝棋樓」

圍棋，中國古代稱之爲「弈」，相傳已有四千多年的歷史，它是雙方輪流投子在棋盤上互爭地域的一種盤局遊戲，變化無窮。古時候，不論平民百姓或帝王將相，都很愛好這項遊戲，民間也流傳著不少有關圍棋的趣聞。

據説明太祖朱元璋很喜歡下圍棋。一次，朱元璋在南京西門外莫愁湖畔設下棋局，召喚大臣徐達對弈。君臣兩人，你一子，我一子，較量起來。過了一會兒，明太祖似乎略佔優勢，但這時徐達卻久久不肯下子。朱元璋問道：「你爲何舉棋不定？」徐達恭敬地説：「陛下，這局棋看來是和局。」朱元璋説：「勝負尚未分曉，繼續吧！」徐達用手指著棋盤上一點，説：「陛下，請看一看。」朱元璋一看，嚇了一跳。原來，徐達只要再下一子，自己便會全軍覆沒。明太祖立刻面露愠色，徐達連忙跪下，説：「萬歲，請再細看臣的棋局。」朱元璋俯身細看，只見棋盤上呈現了「萬歲」二字！太祖頓時龍顏大悦，就把這座弈棋的樓房賜給徐達，取名爲「勝棋樓」。

黑白廝殺

圍棋，可以説是棋類的鼻祖。圍棋的規格經歷了一些變革，棋盤由最初的11道，發展爲13道、15道和17道，以至今日的19道。漢代時，人們用木頭做成棋子，形狀是方形的。後來，才改用小石子做棋子，形狀改爲圓形。現代圍棋，規定黑棋先走，白棋後走。但古代棋制剛好相反，規定白先黑後。

棋盤大致可分爲左上角、左下角、右上角、右下角、上邊、下邊、左邊、右邊和中腹九個部分。下棋的時候，雙方各執一色，以「地」（棋盤上的交叉點）的多少決勝負。

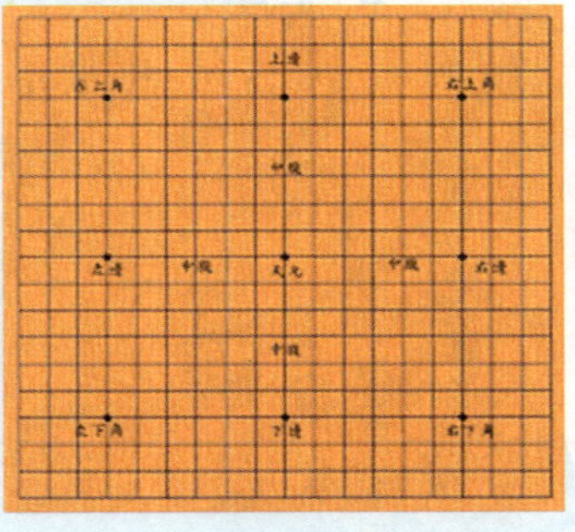

棋盤

隨著圍棋活動的流行，歷代出現了一些棋藝傑出的人，如唐代的王積薪、宋代的劉仲甫、清代的黃龍士、范西屏、施襄夏等。

專心致志

怎樣才能成爲一位出色的圍棋高手呢？先看一看下面的故事：

春秋戰國的時候，由於弈秋的棋術高明，很多年輕人都想跟他學習棋藝。他曾經收過兩個學生，二人的性格截然不同：一個誠心學藝，專心聆聽弈秋的指導；另一個常常心不在焉，四處張望，心裏想著要是天鵝飛過來，就用弓箭射擊。結果，前者學有所成，後者始終未能領悟棋藝的精髓。

學棋要專心，下棋也不可以分心。據說有一次，弈秋正在專心下棋時，一位吹笙的人路過，悠揚的樂曲吸引著弈秋，他不禁側著身子聽一聽。吹笙者遇見棋藝高手，十分高興，問道：「弈秋先生，請問圍棋之道是甚麼？」弈秋一時不知如何回答。這並不是弈秋不明圍棋之道，而是他此刻分了心，注意力不在圍棋上，所以不知如何應對。

從上面的兩個故事中，我們知道不論是下棋或學棋都要專心致志。其實，這種專心致志的學習精神，不僅是學習圍棋的必要條件，也是追求學問不可或缺的。

對弈

雜技表演多姿彩

想一想

1.你喜歡看雜技表演嗎？
2.雜技有甚麼吸引人之處呢？

繩技表演

繩技

雜技，古稱百戲，廣泛流行於民間。雜技的內容多姿多采，包括手技、頂技、蹬技、繩技等。

繩技，古代稱爲高絚，現代稱爲走索或走鋼絲。漢代的時候，繩技是比較著名和流行的技藝，深受百姓的喜愛。看一看上面的圖案：圖中有三個藝人在一條繩子上表演高難度動作。兩邊的藝人手執道具表演，考驗平衡能力；中間的藝人更技驚四座，他手按繩子，雙足朝天。細看原來在繩子的下面還倒插著四把尖刀，如果藝人一不留神，失去重心，便會跌下受傷，甚至致命。

別輕視雜技藝術，它涉及多方面的科學技術。例如，繩技就運用了力學原理，表演者要在搖擺不定的繩子上取得平衡，才能完成表演項目。因此對雜技表演者來説，研究力學的槓桿、重心、平衡等，都是非常重要的課題。

幻術表演

魔術表演：吐火

魔術古稱幻術或戲法，是古代雜技遊藝中的一個重要項目。古代幻術大致可以分爲兩種類型，一類是手法幻術，即表演者憑著雙手的靈敏動作，無中生有，或由此物變出彼物。相傳漢末有位方士左慈，他和曹操一起用膳的時候，表演了「空竿釣魚」的幻術。他用竹竿掛上魚餌，從空盆子中釣出數條三尺長的魚兒。他的幻術表演，令多疑的曹操大驚。正當曹操要把他殺掉之際，他再次施展幻術，以障眼法逃去而無蹤。

而另一類是以「吞刀」、「吐火」、「吃針」、「穿心」、「斷舌」爲主的驚人幻術，往往令觀眾看得目瞪口呆。

古代的幻術與民間信仰有密切關係，不少人利用幻術製造種種「奇蹟」，宣揚神法仙術，招攬信徒。今天，魔術已經脫離了宗教背景，推陳出新，表演者著重以嶄新的道具和精巧的舞台佈置，爲觀眾帶來歡樂。

運用肢體語言

雜技藝術運用人類共通的肢體語言，成爲各國文化交流的媒介之一。古代中國，朝廷會以雜技表演招待外國使者，而西域各國、印度、東羅馬及南亞等國家，也曾經委派雜技藝人爲使者，藉以與中國建立邦交。雜技中的一些幻術如「吞刀」、「吐火」、「斷舌」等，也是由西域傳入中原的。

今天，中國雜技已衝出亞洲，廣泛參與各種國際雜技比賽，如法國巴黎「未來賽」和「明日賽」、蒙特卡洛世界雜技比賽、比利時的「希望之路」雜技賽等，並獲獎無數，可與西方雜技一較高低。兩者透過比賽和交流會，互相取長補短，使雜技藝術不斷進步，攀上一個又一個新高峰。

兒童遊藝益身心

想一想

1. 你喜歡玩甚麼遊戲呢？
2. 怎樣才可以「寓學習於遊戲」？

遊園鬥草

古代的時候，有一種遊戲名叫「鬥草」，又名「鬥百草」，是以各種花草相鬥決勝負的兒童遊戲。《紅樓夢》第六十二回有一段眾人在大觀園裏鬥草的描寫：

> 外面小螺和香菱、芳官、蕊宮、藕官、荳官等四五個人，滿園玩了一回，大家採了些花草來，兜著坐在花草堆裏鬥草。這一個說：「我有觀音柳。」那一個說：「我有羅漢松。」那一個又說：「我有君子竹。」這一個又說：「我有美人蕉。」這個又說：「我有星星翠。」那個又說：「我有月月紅。」這個又說：「我有《牡丹亭》上的牡丹花。」那個又說：「我有《琵琶記》裏的枇杷果。」

鬥草遊戲是一種趣味性、知識性較強的娛樂活動，所以一直受到人們的喜愛。

大觀園

拼七巧板，解九連環

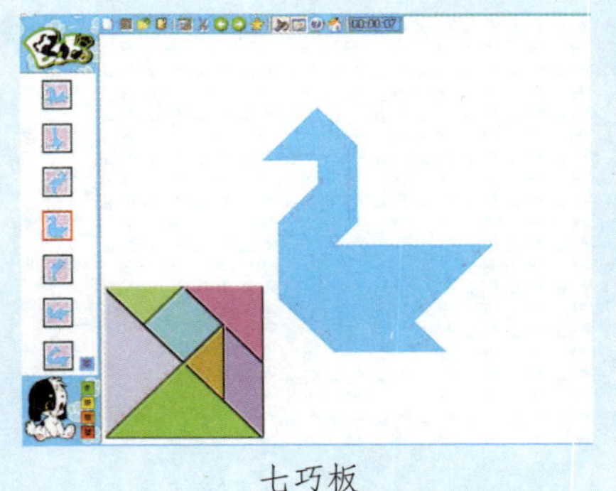

七巧板

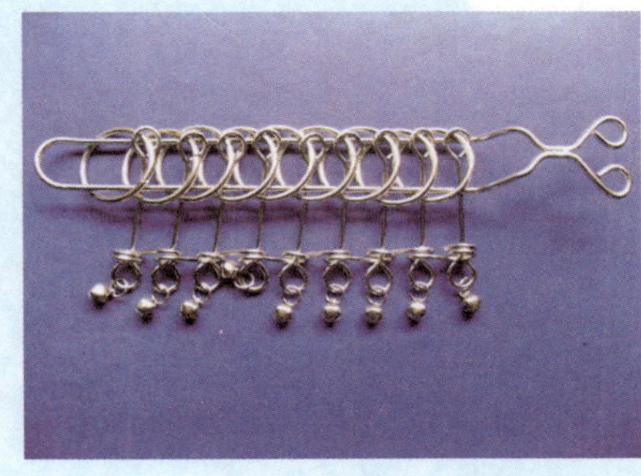

九連環

玩具有啓發兒童思維能力的作用。如七巧板，又名智慧板、乞巧板、七巧牌。它出現於宋代，是將一塊正方形的木片或厚紙裁成七塊，形狀、大小各不相同，通過圖形間的重新組合，可以拼出五花八門的圖案，有飛禽走獸，有人物造型，有房屋建築，也有花草魚蟲。七巧板製作方法簡單，且對啟發想像力頗有益處，少年兒童非常喜歡這種玩意儿。後來，七巧板傳至歐洲乃至世界各地，廣受歡迎，被稱爲「唐圖」或「中國的拼圖板」。

九連環是用銅線或鐵線等金屬製成，它有一個狹長的方圈，上套九個圓環，可解下套上。它在中國已經有二千多年的歷史了，是一種益智玩具。直到今天，解九連環這類遊戲仍然流行。

寓學習於遊戲

中國古代兒童遊戲的種類多姿多采，有猜燈謎、放風箏、捉迷藏、跳百索(跳繩)等, 這些遊戲是伴隨兒童智力和身體成長的良朋。

「寓學習於遊戲」是兒童教育極爲重要的一環。從遊戲中，兒童可學會書本以外的知識。藉著團體遊戲，他們可學會互相合作的精神。在每個遊戲中，有勝負之分，兒童也可以從中學懂「勝不驕，敗不餒」的精神。學習之餘，遊戲還可以幫助他們舒緩緊張的神經，只要不過分沉迷, 遊戲是可以促進兒童學習，提高學習效果的。

木偶戲藝別具特色

想一想

1. 你看過木偶戲嗎？
2. 你認爲應該如何繼承和發揚傳統的木偶戲藝呢？

美女木偶翩翩起舞

古時候，有一種被稱爲「傀儡戲」的藝術活動，這就是以操縱木偶表演故事情節的木偶戲。

木偶

漢代的時候，木偶戲已經相當流行。相傳有一年，漢高祖劉邦被匈奴王冒頓圍困在平城。謀士陳平派探子入城明查暗訪，得知冒頓的妻子閼氏嫉妒之心很強。於是，陳平就想出一個絕妙計策。他吩咐工匠製作一個漂亮的木偶女子，然後操縱美女木偶在城樓上翩翩起舞。果然，閼氏誤以爲女木偶是真人，心想：「這個女孩真漂亮！如果攻佔平城後，大王或許會迎娶她。那時候，我就會被冷落了。怎麼辦呢？」她越想越不妥，便決定勸服匈奴王放棄攻城計劃。劉邦這才得以逃出生天。

陳平以美女木偶拯救漢高祖的故事，雖難以盡信，可是，它從一個側面説明了漢代木偶戲的發展情況。

表演形式多種多樣

中國木偶戲的歷史悠久，一般認爲周代已經出現，到宋朝戲曲藝術成型時，木偶戲也進入鼎盛時期。宋代木偶製作水平精湛，出

木偶戲表演

現了大量傑出的表演家。當時木偶表演形式多種多樣，如布袋木偶戲、杖頭木偶戲、提線木偶戲等。

布袋木偶戲，又名指頭木偶戲。表演的時候，操縱者以食指伸進木偶頭顱，中指、拇指操控木偶左右手。這樣，木偶就可以做出各種動作，如換衣服、打開扇子、翻窗過戶等，靈活自如。

杖頭木偶戲，表演的時候，操縱者以一根和頭相連的長桿和兩根連接木偶雙手的長桿操控。木偶頭部以木雕成，清代發展爲內藏機關，口部和眼睛都可以活動。

提線木偶戲又稱爲「懸絲傀儡」。普通提線木偶，是用八條線來操縱，所以又稱爲「八線班」。福建泉州的提線木偶是一門歷史悠久的傳統藝術，它的木偶形象製作精美，現有面譜達300多種。

幕後演員居中操縱

不論是哪一類木偶戲，要得到觀眾的掌聲，最重要的是幕後的演員和木偶能配合無間。演出木偶戲之前，幕後演員要先了解戲中人物角色的背景和性格。到正式演出時，演員才能夠以適當的語言、動作和感情操縱木偶表現。只有這樣，演員才能用雙手演活沒有生命的木偶，吸引觀眾的目光。

木偶戲的特點是透過虛擬、幻想、誇張等手法演出，如表演「脫衣」、「縮頸」、「脫帽」、「揮扇」、「斟酒」等生活細節，既逼真又有趣，常常能博得觀眾的笑聲。

木偶戲在造型、說唱、舞台等方面都別具特色，值得我們細心欣賞。

皮影戲盛行民間

想一想

1. 皮影是用甚麼材料製成的？
2. 爲甚麼皮影戲會在民間盛行呢？

設帳弄影

影戲，是利用影子和光影效果來表演的戲劇。中國的影戲，可以分爲「手影戲」、「紙影戲」和「皮影戲」三大類。其中，皮影戲是中國影戲的主要表演形式。

影偶

相傳皮影戲源於漢代。話説漢武帝極寵愛一位嬪妃，可惜她很年輕就夭亡了，武帝很懷念她，朝思暮想，希望可以再見上愛妃一面。當時，有一位神仙方術之士，名叫李少翁，聲稱他可以把嬪妃的神魂招來，讓武帝在夜間遙望她的倩影。他請武帝給數天時間作準備。於是，李少翁按照李夫人的畫像，依圖刻形。到了晚上，他就在房間設置帳幕，點上了燈，讓皇帝坐在另一帳幕後遙望。嬪妃看見漢武帝，先向漢武帝施禮問安，隨後又翩翩起舞。過了一會兒，武帝情不自禁地往前走去，説道：「愛妃，朕很想念你。」就在這時，忽然眼前一晃，嬪妃就消失了。後來，據説李少翁的後人流落民間，把先祖的技藝加以改良，就成了後來的皮影戲。

融會多種藝術手段

皮影戲是以不同的獸皮雕鏤成人物和動物形體的平面圖像，借燈光投影在布幕上表演故事的戲劇。表演的時候，藝人用木板搭建一副木框，框上掛起布幕作爲「影窗」，利用燈光投射在布幕上，藝人一邊操縱影偶，一邊配合音樂演唱。

皮影戲是一種融會操縱技巧、音樂、繪畫、雕刻、聲響、光影和故事等手段於一體的民間藝術，在宋代形成一個高潮，而真正的成熟期則是在清代至民國初年。清末民初，影戲流傳於全國各地，更形成了七大影系，劇目豐富多樣，是民間壽辰婚嫁、酬神祈福、應節消遣的文娛節目。有些地區流傳著這樣一句話：「開年看幾眼紗窗戲，一年和老婆不生氣。」

舞台效果佳妙

由於皮影戲通過光影投射，所以它不受舞台客觀條件的限制。影戲中的襯景和舞台的佈景豐富多姿，有金鑾寶殿、亭台樓閣、茶館酒家、花卉山石、飛禽走獸等。這些舞台效果，是戲曲舞台和木偶戲舞台所難以企及的。

戲曲演員要通過許多舞姿和身段，才能夠表達騰雲駕霧的情境。可是，在皮影戲中，影偶的操縱者只要把影人提起，再加上一片彩雲，就可以飄然起飛。藝人可依照戲劇情節，表演各種人物的動作，如馬上擒人、刀起頭落、脫袍穿衣、舞刀揮劍等，令人拍案叫絕。

自明清以後，皮影戲傳至南亞、歐洲及非洲等地，是中國最早傳至西方的表演藝術之一。

爲尋求新發展空間，皮影藝術如今已經從地方戲曲向兒童表演藝術轉化，題材以神話和寓言故事爲主。

皮影戲表演情形

京劇藝術創意多

1. 你能説出一位京劇名旦的名字嗎？
2. 京劇中紅色的臉譜是代表哪一類人物呢？

集戲曲大成

京劇形成於二百多年前，它集中國傳統戲劇之大成，風靡全國。京劇雖稱「京」，但卻不是土生土長的北京地方戲。看一看下面的故事，你就會明白箇中原因。

乾隆時代，藉爲皇帝、皇太后祝壽之名，各地方戲曲紛紛進京獻藝。公元1790年，爲了慶祝乾隆皇帝八十壽辰，揚州「三慶」徽班入京，大受歡迎，獨佔鰲頭。其後，道光年間湖北的漢調藝人也進京表演。由於不同地方的藝人經常同台演出，因此無論是劇本、唱腔或演技，就有了相互切磋和交流的機會。徽調「二黃」①、漢調「西皮」②經常並奏，漸漸形成了一個以「西皮」、「二黃」爲主的劇種，稱爲「皮黃戲」。當時，正是中國各地地方戲興起發展的時期，因此「皮黃戲」又融會了崑腔、高腔、梆子腔的部分劇目、曲調和表演方法，博採眾長，成爲中國戲曲藝術的集大成者。民國以後，「皮黃戲」正式命名爲「京戲」。

加入新元素

唱、唸、做、打是京劇表演的四種基本表演手段。唱，是指京劇的唱腔；唸，是指京劇的唸白；做，是指京劇的表演；打，是京劇形體表演的另一部分，主要表現格鬥和武打場面。

京劇能夠成爲全國性劇種，其中一個重要原因是演員能在繼承

①② 二黃、西皮：戲曲聲腔之一，用胡琴伴奏。二者合稱「皮黃」。

傳統的基礎上，不斷加入新元素。例如名旦角梅蘭芳在飾演《霸王別姬》一劇的虞姬時，既繼承了崑曲逢歌必舞的傳統，又增加了新穎的雙劍舞，爲困於垓下的項羽解愁，表達虞姬內心的情感。梅蘭芳晚年排演《穆桂英掛帥》時，甚至把武生和架子花臉的身段加入旦行的表演中，使穆桂英的巾幗英雄形象更爲突出。

梅蘭芳的京劇舞台造型

此外，京劇每一齣戲的每一段唱腔都有自己的主旋律，演員不可以隨意改變，但在細節上又容許演員有發揮空間，可靈活處理。

在京劇發展的過程中，出現了一大批傑出的演員，如老生的譚鑫培、武生的楊小樓、旦行的梅蘭芳、淨行的侯喜瑞、丑行的蕭長華等，他們爲京劇的發展付出了不少心血。

臉譜辨忠奸

臉譜是中國傳統戲曲中，用各種顏色在演員面部勾畫成的特殊圖案。它是京劇藝術的重要組成部分，廣泛吸收其他劇種臉譜的精華，發展出獨特的風格。京劇的臉譜，採用各種顏色，運用誇張的藝術手法，清晰表現劇中角色的忠、奸、善、惡、美、醜，反映出人物的性格特徵。京劇臉譜在色彩和圖案上都有固定的標準，比如在色彩方面，紅色表示忠烈正義的人物，如關羽；黑色表示魯莽豪爽的人物，如張飛；白色表示陰險狡猾的人物，如曹操。

京劇一方面吸收中國傳統劇種的精華，一方面努力改革創新，爲人們所喜聞樂見，被譽爲中國的「國劇」。

京劇臉譜之一

崑曲藝術復活

1．你知道崑曲源於中國哪一個地方的唱腔嗎？

2．「折子戲」是甚麽意思呢？

「十五貫」奇案

《十五貫》劇照

清代初年，戲曲家朱素臣參照明人小説《十五貫戲言成巧禍》的故事改編成傳奇劇本《十五貫》(亦名《雙熊夢》)。故事講述明朝的時候，掌櫃尤葫蘆向親戚借錢十五貫，而對女兒蘇戌娟戲言此乃她的賣身錢，嚇得她連夜逃走；途中遇上熊友蘭，兩人結伴而行。賭徒婁阿鼠趁蘇戌娟離家，偷去尤葫蘆的十五貫，並將他殺死。第二天，鄰居發現兇案，惹來議論紛紛，有的猜測蘇戌娟謀財害命。最後大家決定報官，追查真兇。這時，鄰里發現蘇戌娟與熊友蘭同行，而熊友蘭又攜帶了十五貫錢。於是，縣令認爲两人犯了通姦謀殺罪，判處了死刑，两人大呼冤枉。當時，被百姓稱「包公再世」的蘇州知府況鍾察覺此案還有很多疑點，決定重審。他裝扮成測字先生明察暗訪，終於查明婁阿鼠是真兇。十五貫引起的命案終於水落石出，蘇戌娟、熊友蘭無罪釋放。

一部戲救活一個劇種

崑曲，是中國傳統戲曲中最古老的劇種之一；崑曲，又稱「崑劇」、「崑腔」，源於江蘇崑山一帶的「崑山腔」。明代中葉時，以魏良輔爲首的藝術家取法海鹽、弋陽等唱腔的長處，也吸收了雜劇北曲

崑劇表演

的優點，發展成一種新唱腔——崑山腔。

崑曲原以清唱爲主，後來，戲曲家梁辰魚以崑山腔編寫第一部崑曲傳奇搬上舞台，大獲好評。當時，不論是在中國的南方或北方，崑劇都成爲最受歡迎的劇種。不過，自清中葉後，逐漸被京劇取代其地位，日趨式微。

直至1956年4月，浙江國風崑劇團改編演出《十五貫》，轟動一時，好評如潮，才使式微的崑劇重獲生機，走出困境。已故周恩來總理讚譽説：「一部戲救活一個劇種。」此後，浙江、江蘇、北京、上海、湖南等地都成立了崑曲劇院或劇團，崑曲在舞台上再現光芒。

「詩劇」特色，文人喜愛

崑曲演出的劇本，情節豐富，人物眾多。如果要演出一部故事情節完整的崑劇，可能要幾天的時間才能完成。後來，有人開始將全劇中一些較精彩的內容單獨演出。於是，漸漸出現了簡縮的演出本，稱爲「折子戲」。其後，這種演出方式被京劇等各地方劇種繼承下來，蔚然成風。

明清兩代，負責編寫崑曲劇本的作家，許多都是才華橫溢的文學家，他們所寫的崑劇，語言優美典雅，將詩的精神和語言融入曲中，形成中國戲曲「詩劇」的特徵。例如《西廂記》中有：

碧雲天，黄花地，西風緊，北雁南飛。
曉來誰染霜林醉，總是離人淚。

此等崑曲用詞優美典雅，與民間戲曲的通俗風格形成鮮明對比，因而獲得很多文人雅士的喜愛。

美國太空總署曾在其發射的太空探測器裏攜帶了一張鐳射光盤，崑曲因被視爲人類有代表性的語言之一，而收錄其中。2001年5月18日，聯合國教科文組織更將崑曲列入「人類口頭和非物質遺產」名單。這些都代表著崑曲藝術得到世界認同。

粵劇戲之寶

1. 爲甚麽粵劇又稱爲「大戲」呢?
2. 你知道香港的「八和會館」是甚麽組織嗎?

粵劇小測試

粵劇角色造型

問:粵劇只是以廣東樂器伴奏的嗎?

答:不一定。粵劇使用的中國樂器有二弦、月琴、二胡、竹笛等等。但在20世紀20年代以後,粵劇也吸收了西洋樂器,如小提琴、單簧管及薩克斯管等。

問:爲甚麽粵劇又稱爲「大戲」呢?

答:粵劇所用的敲擊樂器多是大鑼、大鈸、大鼓,所以俗稱「大戲」。

問:「省港班」又是甚麽意思呢?

答:1920年前後,由於一些粵劇班社經常集中於廣州、香港、澳門等地演出,因而得名。

地方色彩濃厚,名伶輩出

粵劇,是廣東省最大的地方戲曲劇種,具有三百多年的歷史,有「廣東梆黄」、「廣東梆子」、「廣東大戲」等稱號。粵劇是由外來的多種戲曲聲腔、廣東本地土戲和民間説唱藝術不斷融匯而形成的。它的唱腔音樂以「梆簧」爲主,並保留了弋陽腔和崑山腔的部分曲牌以及南音、木魚等廣東民間曲調。由於用方言演唱，因此，在韵味上與其他皮黄戲有明顯區別，具濃厚的地方色彩。但粵劇的曲詞，也不乏典雅優美之作，如《鳳閣恩仇未了情》其中一段：

> 一葉輕舟去，人隔萬重山。鳥南飛，鳥南返，鳥兒比翼，何日再歸還？哀我何孤單。休涕淚，莫愁煩。人生如朝露，何處無離散。今朝人惜别，相會夢魂間。

粵劇把這種詩化的語言配合優美的唱腔，悦耳動聽，韻味雋永。

粵劇名伶輩出，如薛覺先、馬師曾、紅線女、任劍輝、白雪仙、新馬師曾、梁醒波、靚次白、鳳凰女等，他們以精湛的功力，形成不同的唱腔。

繼承傳統，不斷創新

在許多地方戲劇中，劇目數量最多的要算粵劇，既有流行數百年的傳統劇目，也有不少貼近時代的新戲。傳統劇目有《江湖十八本》，爲早期演員的「開山戲」。此外，如《六國大封相》、《李後主》、《帝女花》、《紫釵記》等，都是膾炙人口的劇目。

《帝女花》劇照

除了傳統劇目外，粵劇更吸收了電影、話劇和社會生活的藝術養分，表演藝術更加生活化，且不一定都以古裝演出，20 世紀二三十年代的劇目《鄉下佬遊埠》、《鬥氣姑爺》、《白金龍》等，都是穿上時裝演出的。1997 年，香港旅遊發展局更安排了約一百位來自世界各地的外籍朋友粉墨登場，演出了一場英語粵劇《醉打金枝》，大爲轟動。

「八和會館」是粵劇藝人的行會，它的歷史可追溯到清初建於佛山的「瓊花會館」。所謂「八和」，是和合八方的意思。會館把藝人按照職務分屬八個帶「和」字的堂口，如「德和堂」是屬於武打演員的堂口。香港有許多出色的戲曲藝人，都是會館的一分子，他們爲粵劇的發展作出了重要的貢獻。

單元三

文學作家

七步成詩曹子建

1. 你知道「建安文學」時期的「三曹」是指哪三位文學家嗎？
2. 你認爲兄弟之間應如何相處呢？

才高八斗

你聽説過「才高八斗」這成語嗎？南北朝時候，著名詩人謝靈運曾説過這樣的話：「如果説普天下的才華共有一石(十斗)的話，曹子建便獨自佔去了其中八斗，我得了其中一斗，剩下一斗由天下其他才子分配。」此言一出，便給後人留下了「才高八斗」的成語。曹子建就是曹植。由此可知，曹植是怎樣的才華橫溢了。

出口成章

曹植是漢末三國時代的人，父親曹操，兄長曹丕，都是著名的文學家，文學史上稱爲「三曹」。

曹操對兒子曹植的才華極爲欣賞，有意立他爲太子。後來，由於曹植縱情詩酒，不拘小節，太子這個位還是被哥哥曹丕奪去了。曹丕稱帝後，對曹植深懷猜忌，想找碴把弟弟殺害。

本是同根生，相煎何太急？

傳説有一天，曹丕把曹植召進宮裏説：「父王經常誇獎你的詩做得好，也做得快，我還没有當場見過。現在，我就限定你在我面前走七步，七步之内做完一首詩。倘若做不出來，我就以欺君之罪把你處死。」

曹丕話一說完，曹植就明白這是哥哥對他的報復，於是應聲吟道：

煮豆持作羹，漉菽以爲汁。
其在釜下燃，豆在釜中泣。
本是同根生，相煎何太急？

這就是著名的《七步詩》。曹植出口成章，詩中將自己比做豆粒，將曹丕比做豆萁，極爲悲憤地質問：我們是同父同母生出來的，爲甚麼這樣急切地互相煎逼，想要殺死我呢？這首詩不但表現出曹植的才思敏捷，也確實反映了他當時的處境和心情。

曹植既然真的能在七步內做成詩，曹丕就不好出爾反爾，把他處死。曹丕的計謀未能得逞，曹植卻留下了「七步成詩」的美譽。

曹植雖然活了下來，但心裏也是不愉快。隨後，他被曹丕放回封地，嚴加監視，不准與其他人交往。曹植過著囚徒般的生活，十多年後，終於在困頓苦悶中病死，年僅四十一歲。

兄弟相處之道

曹丕和曹植本是兄弟，但兄弟之情在權力的慾望下被扭曲了，因爲利益、權力而把兄弟之情置之不顧，實在令人惋惜！

同學們，你們有沒有因爲爭奪玩具、遊戲機、看電視而和兄弟姊妹爭吵呢？這些爭吵或許是難免的，但爭吵之後，有沒有想過兄弟姊妹也曾經做過一些令你快樂的事情？可能你們曾經一起愉快地玩耍，一起在家中複習功課，這些都是兄弟姊妹間永不磨滅的一份感情。這份感情不是比計較利益、權力來得更重要和更值得我們珍惜嗎？

互相扶持

隱逸詩人陶淵明

1.你知道「五柳先生」這一稱號的來歷嗎?
2.爲甚麽陶淵明被稱爲「田園詩人」?

不爲五斗米折腰

陶淵明，又名陶潛，曾祖陶侃是東晉初年的名將，曾任大司馬，但到陶淵明時，家道已經衰落。陶淵明從小受到良好教育，儒家和道家的經典也讀了不少，所以有濟世思想，也熱愛自然的生活。陶淵明生逢亂世，不想與達官貴人同流合污，所以二十九歲前一直在家。後來的十多年也曾做小官，由於時局動亂，官場黑暗，終於在四十一歲辭官歸故里，他氣憤地説:「我不能爲五斗米，折腰向鄉里小兒。」意思是説，自己無法爲了那區區的一點俸祿，而屈節逢迎權貴。隱居後，由於家境清貧，加上天災人禍，詩人的生活非常困頓，終年六十三歲。

陶淵明畫像

復得返自然

文學史上稱陶淵明爲田園詩人，他在詩歌中描寫的田園生活情感真摯，悠然自得。例如我們很熟悉的《歸園田居》:

方宅十餘畝，草屋八九間。榆柳蔭後簷，桃李羅堂前。
曖曖遠人村，依依墟里煙。狗吠深巷中，鷄鳴桑樹顛。

陶淵明喜愛田園生活，自得其樂。

詩人對田園生活感到非常嚮往，他這樣總結歸隱田園的生活：

久在樊籠裏，復得返自然。

爲甚麼陶淵明這麼喜歡田園生活呢？一方面固然因爲他的性格喜歡大自然，另一方面也是因爲他不適應當時的官場文化。陶淵明曾做過幾次官，但又辭了幾次官。因爲他深感官場黑暗腐敗，與自己愛好自然和率直的個性格格不入。他寧願與家人相聚，在庭院中飲酒，在小園裏散步，在田間耕作，縱情山水，不求富貴，樂天知命，順應自然，而不羨慕官運亨通，更不妄想成爲神仙。

猛志固常在

詩人雖然過著寧靜和諧的生活，但也是一個性情中人；面對亂世的動蕩，詩人也在詩歌中表達他的悲憤慷慨。這類作品豪放激昂，金剛怒目，有時你可能不相信他就是「採菊東籬下，悠然見南山」(《飲酒》其五) 的作者。

你希望過怎樣的生活？會不會想過陶淵明式的田園生活，遠離都市，歸隱林下，自得其樂？不過，詩人雖然遠離城市，卻還是關心國家，關心社會的。我們會不會像詩人一樣猛志常在，關心世情，投入生活呢？還是雖然在都市中生活，但對國家、社會的事情卻不聞不問呢？

「詩仙」李白

1. 你讀過李白的哪幾首詩？
2. 你知道誰最先稱李白爲「謫仙人」嗎？

呼我謫仙人

舉杯邀月

李白，相信你一定聽過這個中國文學史上最著名詩人的名字，他有一個稱號叫「謫仙」。原來有一次李白到長安，遇見了八十高齡的前輩詩人賀知章。賀知章一見李白，已覺得此人與眾不同；當李白呈上自己的作品《蜀道難》後，他未曾讀完全詩已再三讚歎，稱李白爲「謫仙」，即被貶落凡間的仙人。李白在後來的詩中也曾述及此事：「長安一相見，呼我謫仙人。」

當然，李白被稱爲「謫仙」，不單是因爲賀知章，也因爲他的才華、性格、行事。李白性格浪漫，具有任俠精神，好飲酒，不慕名利，不喜歡結交權貴，所以詩人杜甫曾在《飲中八仙歌》中這樣寫道：

李白一斗詩百篇，長安市上酒家眠。
天子呼來不上船，自稱臣是酒中仙。

借酒戲權貴

在杜甫筆下，李白無拘無束、灑脫豪放的形象活靈活現。不單杜甫欣賞，唐玄宗也非常欣賞他的才華，爲了讓李白寫出更好的作品，會儘量讓他喝酒，酒醉之後，就算偶爾有失禮也不會予以責怪。

有一次，李白喝得醉醺醺的，而唐玄宗又詩興大發，派高力士前去找他。李白一醒過來，就把腿伸出去，對著高力士說：「喂，把我的靴子給脫了。」高力士侍候玄宗多年，深得寵信，是個炙手可熱的人物，即使是宰相李林甫、楊國忠以及朝廷上的王公大臣，都對他畢恭畢敬，唯獨李白竟敢借酒裝瘋叫他脫靴，高力士內心的憤懣也就可想而知了。

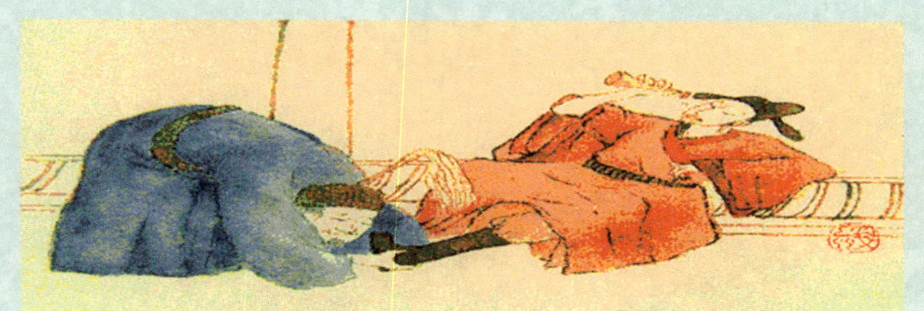

高力士為李白脫靴

這就是李白不怕權貴的可愛性格，難怪他會寫出「安能摧眉折腰事權貴，使我不得開心顏」 的詩句！

創意新思維

李白被稱為「謫仙」，他的詩歌富有浪漫主義的特色：熱情奔放、誇張、想像力豐富。神話傳説、夢境、幻覺、人物、自然景象等等，都被他組合起來，成為奇異燦爛的圖畫，如《夢遊天姥吟留別》中的「青冥浩蕩不見底，日月照耀金銀台」，便是驚心動魄的神仙境界。要寫出這樣的境界，需要很強的想像力。李白用「白髮三千丈」比喻愁思，用「黃河之水天上來」形容河水，用「蜀道之難難於上青天」表現蜀道之險，用「飛流直下三千尺，疑是銀河落九天」描寫瀑布，都是將普通的事物，寫成令人驚異而瑰麗的景象，可説是化腐朽為神奇，充滿創意。

今天我們常説要發揮創意，香港的經濟要轉型，要發展有創意的行業，那麼甚麼是創意呢？看看李白，他便是一個充滿創意的天才。我們上作文課時，常常感覺很沉悶，面對作文題目，腦海中一片空白，內容都是一些很陳套的東西。多讀李白的詩歌，看看他如何想像，如何創新，説不定對我們會有所啓發呢。

「詩聖」杜甫

想一想

1. 爲甚麽杜甫被稱爲「詩聖」?
2. 爲甚麽説杜甫是一個憂國憂民的詩人?

社會寫真

《石壕吏》詩意圖

請看以下故事：

天色已經昏暗，我爲趕路錯過了客店，只好投宿在石壕村一戶人家裏。這家有老夫妻倆，他們慇懃地接待了我，讓我度宿一宵。半夜時分，一陣拍門聲把我驚醒，我躲在床上側耳細聽，原來是石壕的官吏乘夜捉壯丁來了。老公公翻過後牆逃走，老婆婆則到前門去開門。

石壕吏兇狠地呼喝老婆婆，老婆婆悲痛地一面低泣，一面訴説：「我的三個兒子都到鄴城當兵去了。只有一個寄了一封信回來，説他兩個哥哥都爲國犧牲了，只剩下自己一個人。他雖然還可以偷偷地活下去，但不知道那一天也會像哥哥一樣！現在家裏已再沒有成年男人了，只有一個還在喂奶的小孫兒。就是爲了照顧這孩子，那剛知道丈夫死訊的母親才沒有離去。可憐她雖然仍在屋裏進進出出，卻連一件完整無破爛的衣裙也沒有。我這樣一個老太婆雖然年紀老邁，又沒有力氣，但如果急需用人的話，我也就唯有跟隨官差你回去。現在連夜趕到河陽，相信還來得及爲士兵預備早飯呢。」

這就是詩歌《石壕吏》所說的故事，真實反映了當時的社會情況，這正是大詩人杜甫爲我們留下的寶貴財富。

「詩史」美譽

在中國文學史上，詩人杜甫有「詩聖」的稱號。杜甫之所以被稱爲「詩聖」，就是因爲他心懷天下，念念不忘社會時事、天下蒼生，作品中摹寫景物或抒寫感情都與時局和社會有關，使他的詩作成爲一部歷史畫冊。特別是中年以後，遭逢安史之亂，杜甫顛沛流離，用詩歌反映了變亂發生前後二十多年的社會面貌，把苦難的歷史以真實的手法記錄下來，因而成爲了中國詩歌中的瑰寶，贏得了「詩史」的美譽。

憂國憂民的杜甫

悲天憫人

有一年秋天，秋風怒號，捲走了杜甫浣花溪畔草堂上的茅草，晚上又下了場大雨，把床都淋濕了。杜甫面對這惡劣的處境，並沒有哀歎自己的遭遇，而是聯想到普天下還有千千萬萬個和自己同樣不幸的人。所以他寫了一首《茅屋爲秋風所破歌》，最後幾句是這樣的：

> 安得廣廈千萬間，大庇天下寒士俱歡顏，風雨不動安如山！
> 嗚呼！何時眼前突兀見此屋？吾廬獨破受凍死亦足！

杜甫不擔心個人的遭遇，反而憂念天下，爲天下寒士而呼號，悲天憫人，寄以極深的同情，人溺己溺，這就是詩人偉大人格的光輝。從他身上，你學到甚麼做人的道理呢？

詩求通俗白居易

想一想

1. 你能唸出白居易詩中的一些佳句嗎?
2.「野火燒不盡，春風吹又生」蘊含著甚麼道理?

老嫗能懂

白居易詩歌風格的特點是平易通俗，相傳他每完成一首詩，都要唸給鄰居的老婆婆聽，問這些上了年紀的普通平民明白與否。如果明白，他就把詩抄錄下來；如果回答説不明白的，就修改或重新寫至全部明白爲止。這個傳説未必全部屬實，但白居易的詩歌通俗易懂，廣泛流行於下層民眾之間確是事實。他的詩歌中最著名的是《長恨歌》和《琵琶行》。「在天願作比翼鳥，在地願爲連理枝」、「同是天涯淪落人，相逢何必曾相識」便分別是兩詩中膾炙人口的佳句。

白居易問詩

長安居不易

白居易少負才名，相傳他十六歲時，初到長安，寫了一首題爲《賦得古原草送別》的詩：

離離原上草，一歲一枯榮。野火燒不盡，春風吹又生。
遠芳侵古道，晴翠接荒城。又送王孫去，萋萋滿別情。

他拿著這首詩去拜見當時的名士顧況。顧況第一次聽到「白居易」這個名字，就跟他開玩笑説：「現在長安的米價很貴，在這裏『居』住可不『易』啊！」他意思是説，長安才子多，若沒有真才實學，要在長安呆下來，怕連肚子都不能填飽。

野火燒不盡，春風吹又生

顧況邊説邊讀白居易的詩，讀到「野火燒不盡，春風吹又生」時，態度一轉，大加讚賞，説：「能做出這樣的好詩，要在長安『居』住，應當是極『易』呢！剛才跟你開玩笑而已。」

從此，白居易詩名大噪，轟動長安。

這個故事雖然只屬傳説，但由此可知這首詩在當時確是受人推重的。詩歌由春草聯想到野火、春風、荒城、送别、離情，想像别緻，含義深遠。尤其是中間一聯「野火燒不盡，春風吹又生」，更是寓意深刻，爲千古絕唱。白居易用野草的無窮生命力與人事的枯榮代謝相對照，把人生的堅忍不拔和頑強奮鬥的精神形象地表現出來。

生機處處

野草枯榮是自然現象，世事又何嘗不是如此？回顧中國近代的歷史，曾經歷過很黑暗的日子，甚至差點兒遭列強瓜分；但黑暗日子過後，現代中國在國際舞台上已是舉足輕重，世界各國都爭著和中國建立經濟和貿易關係，這不是枯而又榮嗎？再看香港，由一個物質缺乏的小漁港，經過港人不斷的奮鬥和拼搏，終於出現了1980年代的經濟飛躍，成爲一個國際的大都會。到了1990年代末，香港經濟有衰退跡象，進入了一個新的調整期。若借用詩人的説法，這不是由枯而榮，又由榮而枯的過程嗎？那麼，我們便應當明白，面對眼下的衰退並不用灰心，實在無須悲觀，只要努力堅忍，不言放棄，重新振興、再現輝煌的一天終會來臨的。

一代文宗韓愈

想一想

1. 你知道誰居「唐宋八大家」之首嗎？
2. 韓愈對語言運用的態度是怎樣的？

推敲「推敲」

韓愈與賈島談論詩歌創作

唐代的大文學家韓愈對語言的認真要求可見於以下這個故事。

據説詩人賈島年青時到京城長安考試。有一天，他騎著驢子在大街上走，忽然想到兩句詩：「鳥宿池邊樹，僧敲月下門。」開始時，他想用「推」字，後來又想用「敲」字，爲了這個字，費煞思量。一邊在驢背上念，一邊用手做「推」和「敲」的動作。這時韓愈騎馬經過，但賈島只顧思考用字，不知不覺就衝進了韓愈的隊伍中。這還了得！隨從便把賈島帶到韓愈馬前，請求發落。賈島把作詩一事告訴了韓愈，韓愈思考了一會兒答道：「還是用『敲』字好。」韓愈對賈島的寫作態度非常欣賞，就和他作伴同行，在樹蔭下一起談論詩歌創作，非常投契。「推敲」兩字也成爲描述人們認真遣詞用字的詞語。

文起八代之衰

韓愈畫像

唐初，受魏晉南北朝駢文的影響，人們偏重於文章的華麗形式，而忽略了思想內容，文章往往流於無病呻吟，堆砌詞藻。

到了中唐韓愈時，由於他和柳宗元大力反對用這樣的形式寫作，提倡用「古文」寫作，並身體力行，寫下了一批優秀的文章，於是出現了「古文運動」。所謂「古文」，是指先秦時代的散文。「古文運動」，是要恢復先秦時代散文的優良傳統，不再强求句句對偶，主張用散句的形式寫作，而文氣要求自然通暢。韓愈力挽狂瀾，起衰救弊，爲散文的藝術語言注入了新鮮的活力。

「古文運動」在北宋再現波瀾，先後出現了「唐宋八大家」，就是指唐宋最著名的八位散文家，包括韓愈、柳宗元、歐陽修、蘇洵、蘇軾、蘇轍、王安石和曾鞏等，而韓愈則位居八大家之首。

大膽創新語言

韓愈是文學語言革新者，也是語言藝術大師，他説自己時刻在想如何把自己心裏想的灌注到手上，用字力求準確生動，避免濫調套語。

韓愈要求用字認真，不用陳舊的語言，這種態度在今天還是極具價值的。我們寫文章時，常常只是老生常談，欠缺生命力，毫無趣味，没有時代氣息。如果要寫出好文章，一定要多加推敲，務求有新意。例如寫月亮，不要來來去去説滿月是明鏡、銀盤，新月是柳葉、蛾眉等，我們也可以説月亮是溫柔的女子，是心靈依歸的港灣，是母親的愛心，是詩人的同伴，是玉兔的笑臉，是年轻男女的紅娘，是歷史前進的見證等。儘量用新的、現代的、生活的語言，不要總是陳腔濫調，那麼，我們的文章便會鮮活得多，有趣味得多。

「詞聖」李後主

1.李煜的詞爲甚麼那麼激動人心?
2.有人評論李煜道:「作爲詞人真絶代,可憐薄命是君王。」你同意這種見解嗎?

感慨遥深

李煜是南唐最後的君主,世稱李後主。他的詞流傳下來的只有四十来首,數量雖少,但文學藝術成就甚高。

李煜即位的時候,趙匡胤已經建立宋朝;李煜稱臣納貢,以圖苟安。但過不了幾年,南唐被滅,李煜成了階下囚,被俘到汴京(今河南開封),得了個難堪的封號「違命侯」。他過了兩年多以淚洗面的生活,最後被宋太宗賜死。

李煜畫像

李煜本來是一個生活在繁華富麗的宫廷中的「人上人」,何曾嚐過人間的辛酸?他成爲階下囚後,常常重溫舊夢,追憶往事,用愁和恨寫成很多著名的作品,抒發對故國的懷戀之情,例如《虞美人》,就是極有代表性的一首:

> 春花秋月何時了,往事知多少?小樓昨夜又東風,故國不堪回首月明中。　雕欄玉砌應猶在,只是朱顔改。問君能有幾多愁?恰似一江春水向東流。

正是這種國破家亡、感懷身世的内容,把詞的境界擴大了。王國維在《人間詞話》裏説:「詞至李後主而眼界始大,感慨遂深,變伶工之詞而爲士大夫之詞。」李煜因此贏得了「詞聖」的稱號。

天然去雕飾

獨自莫憑欄，無限江山……

「真」是李後主詞作的最大特點。他所寫的都是發生在他身邊的真實生活，所吐露的都是發自肺腑的真情實感。他被囚禁在汴京後，精神上苦不堪言，就毫無掩飾地向人傾訴自己的不幸，在《浪淘沙令》一詞中寫道：

> 簾外雨潺潺，春意闌珊，羅衾不耐五更寒。夢裏不知身是客，一餉貪歡。　獨自莫憑欄，無限江山，別時容易見時難。流水落花春去也，天上人間。

全首詞充滿國愁家恨，顯然是他心聲的透露。抒發亡國之痛，坦露襟懷，沒有半點矯揉造作。又如《烏夜啼》一詞：

> 林花謝了春紅，太匆匆。無奈朝來寒雨晚來風。　胭脂淚，留人醉，幾時重。自是人生長恨水長東。

抒發感情，如行雲流水，率真自然，且氣象恢宏，境界全出。

赤子之心

李後主的詞所以受到後人的重視，主要是他具有一夥赤子之心，寫來情真意切。我們平時寫文章，也須切記真情實感的重要性。生活中多接觸一些事物，多思多想，自然能夠水到渠成，不會給人有矯揉造作的感覺。如果只是爲文造情，這樣會使文章看起來很虛假。譬如感到很煩悶，便把煩悶的感受如實道來，相信更能引起讀者的共鳴。

不論寫甚麼題材，甚麼內容，只要寫得真，必然能寫出一篇好文章。

文壇領袖歐陽修

想一想

1. 你知道歐陽修爲甚麽自稱「醉翁」，又自號「六一居士」嗎？
2. 歐陽修爲甚麽能成爲文壇領袖？

「醉翁」、「六一居士」

歐陽修畫像

歐陽修四十歲時，爲自己起了一個外號叫「醉翁」。其實，歐陽修並非像李白那種「會須一飲三百杯」、「但願長醉不願醒」(《將進酒》)的豪飲者，爲甚麽卻給自己起了這樣一個有趣的外號呢？——說來「有趣」，背後卻隱藏着悲酸。原來，在此前一年，他因遭保守派官員的排斥，被貶爲滁州知州。滁州城外的瑯琊山上有一亭，原無名稱；他常到瑯琊山遊覽，並在亭中飲宴。因此，歐陽修把亭名爲「醉翁亭」，寫了一篇名文，題爲《醉翁亭記》，而自號「醉翁」，意思是要藉山水詩酒排遣抑鬱的心情，曠達自放。

到晚年退休後，歐陽修又自號爲「六一居士」。他說他家藏書一萬卷，有金石遺文一千卷，琴一張，棋一局，而且常設置酒一壺，再加上一個老翁優遊於這五物之間，自得其樂，所以稱爲「六一」。

擔任主考，絕不偏私

歐陽修曾擔任禮部考試的主考官，對當時在考生中流行的一種「險怪奇澀之文」深爲厭惡，對作這種文章的考生一概不予錄取，但對於如何挽救當時的文風卻大傷腦筋。恰巧詩人梅聖俞拿了蘇軾所寫的《論刑賞》一文給歐陽修看，歐陽修看後，大爲驚喜，以爲是奇人，想把他的文章列爲第一。但當時的考卷採糊名的方式；爲求公正，改卷者不能看到考生姓名。歐陽修以爲這是他的學生曾鞏所寫，爲免他人誤以爲自己偏私，於是把這篇文章列爲第二名。後來，此事傳爲文壇佳話。

宋代古文運動

中唐時候韓愈提倡古文運動，曾取得巨大的成就，但到了晚唐已趨衰歇。北宋初年，文章仍然只重視形式華麗，不注重內容，直至歐陽修出來，再次推動古文運動，以他崇高的政治地位①及文學才華入主文壇，提拔後進作家，領導了散文的改革。他反對晚唐以來散文片面地追求形式辭藻的風氣，上承中唐韓愈的文學主張，並身體力行，寫作內容充實、文字平易暢達的文章，文壇上的不良風氣才被扭轉。後來，人們佩服他在文學上的貢獻，把他列爲「唐宋八大家」之一，認爲在散文發展史上，除了韓愈外，他對後世貢獻最大。因此一談到古文，總是以歐陽修與韓愈相提並論，作爲散文家的代表。

歐陽修十分注重獎掖後輩，培養人才，「唐宋八大家」之中的王安石、曾鞏、蘇軾、蘇轍都曾得到他的提拔，詩文名重一時。

由於歐陽修胸懷寬廣，氣度恢宏，對後輩多加提拔，所以才能帶動風氣，成爲文壇領袖。但在我們的學習生活中，卻會遇到這樣的一種人：害怕別人勝過自己，有甚麼獨特的讀書方法或筆記，儘量不讓人知道，唯恐別人成績比自己好。試問這樣的態度和人格又怎能得到他人的敬重呢？

歐陽修樂於指導晚輩

① 歐陽修二十二歲登進士科，官至樞密副使、參知政事（副宰相）。

天才文豪蘇東坡

想一想

1. 如果要在古代文學史上選出一位「全能文學家」，你會投誰的票呢？
2. 東漢末年「建安文學」出現了「三曹」，北宋中葉文壇又出現了「三蘇」，二者有甚麽共同特點？

難倒遼國使者

蘇軾畫像

蘇軾是中國文學史上傑出的代表，和父親蘇洵、弟弟蘇轍合稱「三蘇」。他的詩、詞、賦、散文、書法、繪畫、弈棋、音樂等無一不造詣極高，精妙絕倫。一個人能有這麽多「强項」，樣樣能，樣樣精，非天才不能爲。有一個小故事可體現他的這種多才多藝：

相傳宋神宗熙寧年間，有一個遼國的使者來朝。這個人以爲自己會作詩，因而很驕傲，看不起别人。有一次，他甚至想難倒翰林院的學士，以顯自己的才華。宋神宗知道蘇軾博學多才，便讓蘇軾去見他。

果然，這個使者一見蘇軾就説：「蘇兄才氣，名震中原，今天你我有緣在此相聚，我想出個題，請你作詩，不知意下如何？」蘇軾微微一笑，説：「作詩，容易呢，不過，會看詩就難了。」於是，他用他的蘇體書法寫了一行「字」：

亭景畫老拖筇首雲暮江蘸峰

這位使者看後，丈二金剛摸不著頭腦，心想：中原還真是人才輩出，我怎麽看也不懂呢。從此以後，他再也不敢炫耀自己的詩才了。

蘇軾這首詩名叫《晚眺》，是這樣讀的：

長亭短景無人畫，老大橫拖瘦竹筇。
回首斷雲斜日暮，曲江倒蘸（照）側山峰。

這種詩歌，利用了漢字的特點，從字形大小、筆畫多少、位置正反、排列疏密方式來設計，稱爲「神智體」。例如，把「亭」字拉得很長，表示「長亭」；「景」字壓扁，表示「短景」；「畫」字缺少了「人」，表示「無人畫」（「畫」字有另一種寫法是「畵」）。這樣，「亭景畫」一組字就可以表示「長亭短景無人畫」的句意。其餘類推。

天才來自勤奮

不要以爲蘇軾既是天才，就不用讀書了。其實蘇軾讀書極爲勤奮，用功極精，各種學問兼收並蓄。據説在黃州的時候，有一年下雪，蘇軾作了一首《雪》詩，其中有兩句：「凍合玉樓寒起粟，光搖銀海眩生花。」別人看來，只能明個大意：下雪，天氣很冷，凍得人起雞皮疙瘩（起粟），屋外的雪地反映太陽的光，令人頭昏眼花。但甚麼是「玉樓」、「銀海」則不甚了了。蘇軾博覽群書，細大不捐，這兩個字是從有關道家的典籍中引用的，玉樓意即肩膀，銀海意即眼睛。

練好基本功

天才同樣要下苦功多讀書，多練習。我們看鋼琴天才李雲迪的演奏，琴聲如行雲流水，繞樑三日，我們稱讚他有天分，這麼年輕就有那麼高的造詣。但我們可有想過他自小就要苦練鋼琴的基本技巧呢？很多人就是因爲小時候彈琴時覺得手指很倦很痛，就輕言放棄了。又如「體操王子」李寧、「跳水王后」伏明霞等，也是自小經過勤苦鍛鍊才成爲體壇明星的。即使一個人有天分，但如果不肯努力，又怎能有大成就呢？

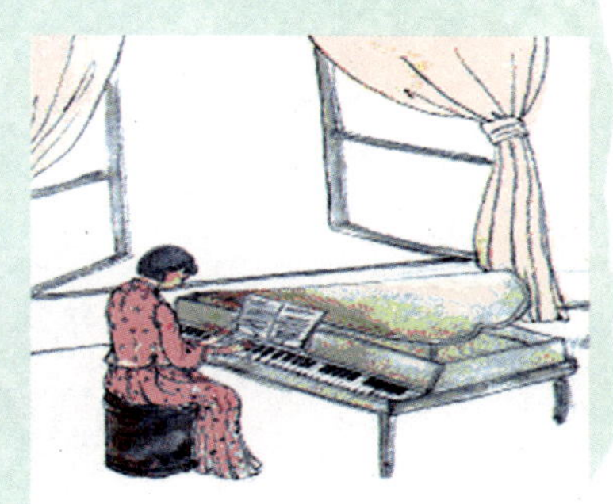

要學好技藝，需勤加苦練。

愛國詞人辛棄疾

想一想

1. 爲甚麼辛棄疾的詞那麼雄壯沉鬱呢?
2. 我們應該怎樣去實踐「愛國」呢?

英雄氣概貫長虹

辛棄疾不單是一個詞人，還是一個壯士、一個英雄，豪氣如虹。南宋時期，失去了半壁江山，只能偏安一隅，辛棄疾眼見北方的老百姓受異族欺壓，二十二歲時毅然投身抗金的行列，在山東地區參與組織了一支2000多人的義軍，對抗金兵。有一次，在義軍裏有個叛徒叫張安國，貪圖金人的重賞，勾結了另一支義軍的叛徒，殺了首領耿京，投降金人。辛棄疾聽到這個消息，馬上邀約其他義軍將領，只帶50名騎兵，直趨山東金國軍營。這時，叛徒張安國正與金將酣飲作樂，根本想不到有人膽敢前來襲擊。這一支義軍出其不意地衝進有5萬敵軍駐紮的營寨，如入無人之境。辛棄疾親手把張安國綑縛起來，跳上馬背，疾馳離開。等到金將從驚懼中清醒，預備點兵追趕時，這支英勇的義軍已經揚長而去，直奔南宋了。

辛棄疾馳聘戰場的英姿

「平戎策」換來「種樹書」

辛棄疾有強烈的愛國感情，矢志恢復中原，形之於詞，特別豪邁深摯，沉鬱雄麗。他爲了國家的統一，民族的復興，甘心馬革裹屍，戰死沙場。他那顆真誠的愛國心就表現在詞裏，如《水龍吟》上片：

> 渡江天馬南來，幾人真是經綸手？長安父老，新亭風景，可憐依舊。夷甫諸人，神州陸沉，幾曾回首！算平戎萬里，功名本是，真儒事，君知否？

詞中引東晉偏安的故事，意思是說：自從皇室南渡以來，有哪幾個人算得上是治國能手？中原的父老盼望北伐，南渡的士大夫痛心山河淪喪，多少年了，可憐還是老樣子。朝中那些只求自保的權貴，對於中原淪陷，可曾真正關注過！我認爲在驅除異族的萬里征途上建功立業，才是讀聖賢書的人真正應做的事，你知道嗎？

又如《菩薩蠻》的上片：

> 鬱孤臺下清江水，中間多少行人淚。西北望長安，可憐無數山。

高聳的鬱孤臺下，澄澈的江水流過，滲雜著多少行人登臺北望時的淚水。翹首北望中原，哪裏是祖國可愛的山川呢？

翹首眺望中原

由於當時南宋朝廷內存在著一種苟安的習氣，在處理與金國的關係上，「主和派」一直佔上風，因此主戰的辛棄疾備受壓抑、排斥。他那種「試手補天裂」、北定中原的雄心壯志，始終無法實現，晚年更長期賦閒居於江南上饒。他在《鷓鴣天》一詞的結句悲憤地說：

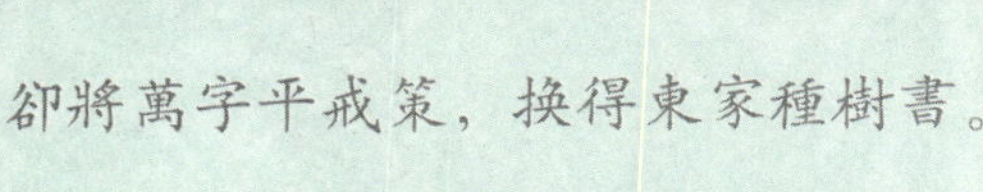
> 卻將萬字平戎策，換得東家種樹書。

這正是詞人一生志向與遭際的形象寫照。

愛國付諸實踐

愛國不是用口說的，是用行動實踐的。看我們偉大的詞人就知道了，他親自用行動證明了自己如何愛國。雖然是書生，也上沙場作戰，這才真是讀聖賢書的人，真正明白中國聖賢的道理。

今天，有些人所說的道理或許比古人更多，但往往說多於做。作爲青少年，我們應該怎樣表達愛國的情操呢？

單元四

名篇佳作

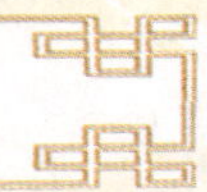

《離騷》一曲耀千古

想一想

1. 你知道中國最長的抒情詩是哪一首嗎?
2. 你知道屈原是哪個時代的人嗎?

愛國詩人屈原

戰國末年，在長江以南的楚地，出現了一位大名鼎鼎的愛國詩人，他寫了一首在我國古典文學中最長的抒情詩——《離騷》，成爲一篇光耀千古的佳作。你知道這位大詩人姓甚名誰嗎?

屈原畫像

他的名字叫屈原，出身自楚國一個沒落的貴族。由於他志向高遠，而且口才、文才俱佳，年輕時就受到楚懷王的賞識，身居要職。當時，戰國七雄紛爭，屈原竭力輔佐懷王變法圖強，爲實現楚國的統一大業盡心竭力，使當時的楚國一度出現了威震諸候的局面。可是，懷王身邊都是小人。屈原在內政和外交上的主張與舊貴族集團處於對立狀態，受到上官大夫等人妒忌，小人群起誣陷，屈原終於去職。後來，頃襄王繼位，依然重用小人，屈原進諫，反遭到譖譭，長期流放於沅湘流域。

秦國攻陷楚國的京城郢都後，屈原見國運已盡，悲不自勝，便投進汨羅江，以死明志。

犯顏直諫

吾將上下而求索

《離騷》正是詩人以滿腔報國熱情鎔鑄而成的動人詩篇。你看他是怎樣抒寫自己對崇高理想的熱烈追求的：

路漫漫其修遠兮，吾將上下而求索。

儘管在政治上遭到無情的打擊，前路荊棘滿途，屈原依然毫不畏懼，堅持原則，忠於理想。他不止一次痛斥懷王身邊的小人，常用「香草」來比喻君子的優秀美德，而用「惡草」來痛斥小人的卑劣品格，明辨忠奸，疾惡揚善，保持高潔的個人情操。這種對美善的執著追求和對醜惡的無情鞭撻，正是《離騷》最能感召世人的力量；至於屈原那種犯顏直諫，把個人生死置諸度外的膽色，就更爲後人推崇了。

鍥而不捨

屈原一生不懈地追求理想，在理想的堅持和個人的生死之間，他毫不猶豫地選擇前者，儘管在追求的過程中遇到很多阻難，他都能積極面對，矢志不渝。只是，在那個時代，由於屈原所在的國家，君主昏庸，小人當道，他無從發揮個人的抱負。

回看今天，很多青少年一遇上挫折，就心灰意冷，做事往往欠缺恆心和毅力，不能貫徹始終，這就更顯出屈原那種鍥而不捨精神的可貴了。我們生活的年代，物質條件無疑比以前豐富了，而且社會也比以前開放了，機遇很多，只要肯努力，才能便不會被埋沒，比起屈原，確是幸運多了。

當我們在爲屈原的悲劇扼腕歎息的同時，有沒有想過怎樣繼承他那種可貴的精神呢？

《史記》——無韻之《離騷》

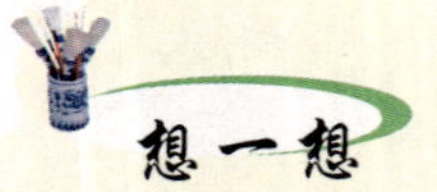

想一想

1. 爲甚麼魯迅會將《史記》與《離騷》媲美?
2. 如果你負責編寫香港史,你會否記録政府施政的缺失?爲甚麼?

忍辱負重，發憤著述

司馬遷寫《史記》情景

司馬遷是漢武帝時代的史官，因其修史的傑出成就，後世稱他爲「太史公」。

司馬遷在二十歲時，開始四處遊覽，足跡遍及大半個中國，收集了許多史料。四十二歲時，他正式開始動筆編寫《史記》。不幸地，過了五年後，他便遭李陵之禍①，被處以宮刑②和囚獄三年。司馬遷遭此奇耻大辱，忍受著肉體上和精神上的痛苦，發憤著述，終於在晚年完成了這部巨著，流傳千古。

《史記》記載了上自黃帝，下迄漢武帝近三千年的史事。由《本紀》12 篇、《表》10 篇、《書》8 篇、《世家》30 篇、《列傳》70 篇組成，全書共 130 篇，約 52 萬字。《史記》以人物爲中心記述歷史，所以又被稱爲「紀傳體」，是紀傳體通史的開山祖。

---

① 李陵之禍：漢武帝天漢二年（公元前 99 年），漢將李陵兵敗於匈奴，被俘投降；司馬遷據情為李陵辯解，觸怒了武帝。

② 宮刑：古代切除男子生殖器官的一種刑罰。始於商周時期，直至隋代才明定律例廢棄。

人物形象，活龍活現

《史記》塑造了數百個人物，記述了帝王將相、思想家、教育家、文學家、策士、隱士、説客、刺客、商人、俳優等不同社會階層的人物事跡，並於其中寄寓了太史公的人生感慨。魯迅曾經稱之爲「史家之絕唱，無韻之離騷」。

《史記》書影

司馬遷善於運用不同的筆調刻畫不同的人物性格，往往通過一個動作、一句內心獨白或幾句簡單的對話，就能讓歷史人物活龍活現，生動逼真。《項羽本紀》記述當項羽看見秦始皇出巡的盛況，寫道：「那個人我可以取而代之。」而《高祖本紀》記述當劉邦看到了秦始皇，寫道：「唉，大丈夫就應當像這樣子！」司馬遷運用同一件事情來塑造人物，短短的一句話，就寫出了項羽率直自負的性格和劉邦深沉穩重的性格，人物形象鮮明。

不虛美，不隱惡

司馬遷寫《史記》的目的是：

究天人之際，通古今之變，成一家之言。

他希望研究天和人的關係，弄清楚古今歷史上的變化規律，並提出自己的看法。《史記》貫通古今，書中包羅了政治、歷史、軍事、外交、天文、曆算、地理、風俗人情等各方面的內容。司馬遷還加入了「太史公曰」的史論形式，藉以褒貶人物或評論歷史，抒發己見。

司馬遷記事「不虛美」,「不隱惡」。《史記》記載了歷代明君廉吏的美德，也直言無諱地記下王侯將相的惡行。例如書中不僅記錄當時在位的漢武帝的功績，也描寫了他好大喜功、迷信方術的一面。這種客觀記載史事的態度，體現了史家高尚的品格。這種本於事實，不虛美、不隱惡的寫作態度，很值得我們學習。

感天動地《竇娥冤》

想一想

1. 你知道誰有東方「莎士比亞」之稱嗎？
2. 「六月飛雪」有沒有可能？

天地動容，六月飛雪

〔法場上，竇娥被雙手反縛站在監斬官前側。
監斬官：時辰已到。劊子手……
竇娥被按住跪倒。〕

竇娥臨刑

監斬官：你還有甚麼話要說？

竇　娥：竇娥被判斬刑，實在冤枉。有三件事若能依了我，死而無怨。

監斬官：哪三件事？你說吧？

竇　娥：要一張淨席，墊在竇娥腳下，又要丈二白練掛在旗槍之上。若是竇娥實
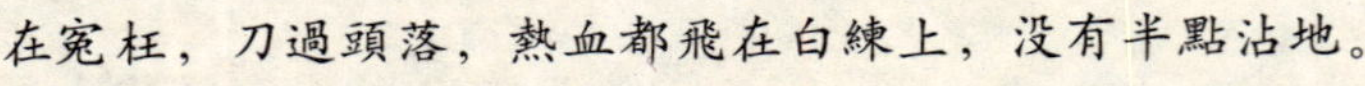
在冤枉，刀過頭落，熱血都飛在白練上，沒有半點沾地。

監斬官：這辦得到，依你就是。第二件？

竇　娥：如今是三伏天氣，若是竇娥實在冤枉，天降三尺大雪，掩蓋了竇娥屍首。

監斬官：如今是三伏天氣，炎熱難當，你縱有天大的怨氣，也召不來一片雪花，真是胡說。第三件？

竇　娥：大老爺！竇娥之死實在是冤枉。我死之後，叫這楚州地界大旱三年！

監斬官：越發胡說了。哪會有這種事？劊子手……

劊子手：（高聲答應）啊。

監斬官：斬。

監斬官：（失驚）好大的風！

押解官：呀！真下雪了！有這樣的怪事！

劊子手：平日殺人滿地鮮血，這個竇娥的血都飛在丈二白練上，實在奇怪！

〔士兵们抬起竇娥屍首。〕

這是悲劇《竇娥冤》中震人心魄、天地動容的一個場面。

竇娥本爲一弱女子，三歲時，母親就去世了。七歲時，因爲父親竇天章無力償還高利貸，她被賣給人家做童養媳。父親上朝應舉，一去音訊全無。竇娥成親後，夫君又不幸病逝，但她矢志守節，循規蹈矩，曲盡孝道侍奉婆婆。這樣一個與世無爭的女子，卻被人構陷，給一位不分清紅皂白的貪官冤斬了。

在竇娥死後的第三年，竇天章爲女兒洗雪了奇冤。只是死者已矣，除了留給人們憑弔的餘哀，又能留下甚麼呢？

時代多冤曲

現實社會既然無法還竇娥一個清白，那麼，透過藝術構思，把「白練」、「淨席」和「雪」等象徵潔淨的物件來寓意竇娥的清白也就不言而喻了。

時間推回到公元13世紀前後。當時，正是蒙古人建立的元朝的統治年代，政治黑暗，社會上有許多不平的現象，權貴和官吏互相勾結，貪贓枉法，欺壓平民百姓的情況司空見慣。由於司法上官官相護，人民往往「有冤無路訴」，成爲犧牲品。《竇娥冤》正是以竇娥的遭遇爲主線，通過她不屈從惡勢力的悲劇人生來展示一個時代的側面。

法治誠可貴

爲善的受貧窮更命短，造惡的享富貴又壽延。

這是竇娥臨刑前的控訴。古代社會，由於執法的偏頗，造成很多悲劇，《竇娥冤》所以被中國以至世界戲劇史推爲一齣偉大的悲劇，正是由於這部劇作成功地揭示了造成悲劇的社會根源。以古鑑今，也就不能不讓我們對一個健全的法治基礎更加珍惜了。凡事依法而行，以「公開」、「公平」、「公正」的原則秉公辦理，法律面前人人平等，除了能夠保障人們的生命財產外，也是社會繁榮進步不可或缺的條件。

三國風雲錄

想一想

1. 你知道哪部文學巨著有「第一才子書」的稱譽嗎？
2. 爲甚麼民間流傳「老不看三國」的說法呢？

形象鮮明

提起諸葛亮，幾乎無人不曉，他那睿智的形象早已深入民心。論知名度，他甚至凌駕於古代任何一位賢相。這不得不歸功於有「第一才子書」之譽的文學巨著——《三國演義》。

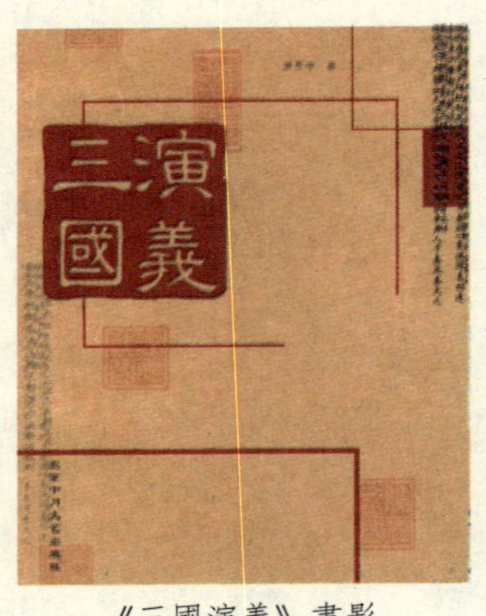

《三國演義》書影

這部奇書本著「七分實，三分虛」的寫作手法，把諸葛亮作爲主線人物之一，描寫得出神入化，突出他在三國時代風雲際會中卓然不群的角色。且先不說他具體怎樣神機妙算，單從劉備「三顧茅廬」一節就可見作者伏筆。據說，劉備入主荊州以前，倣如喪家之犬，無處立足。他來到荊州，見到名士徐庶。徐庶見劉備愛才，就對他說：「此地的諸葛孔明，有『卧龍』之稱，將軍願意見他嗎？」劉備說：「你可以約他一起來見我。」徐庶說：「卧龍先生乃大才之人，只可前去拜見，不可屈使他前來。將軍若有意，就應該親自前去。」於是，劉備便親自到諸葛亮隱居的隆中去拜訪，先後去了三次，紆尊降貴，最終才請到諸葛亮出山襄助大業。後來的「草船借箭」、「孔明借東風」、「火燒連環船」和「空城計」等多姿多采的情節，都是大家耳熟能詳的故事。

《三國演義》除了成功地塑造了諸葛亮的形象外，還寫了400多位風雲際會的人物，其中主要的角色大都性格鮮明，形象生動，各

具特點，如曹操的陰險奸詐、劉備的仁厚圓滑、關羽的義薄雲天、張飛的勇猛粗獷、周瑜的機智而又多疑、魯肅的外愚而實內智……都寫得栩栩如生，在文學人物長廊中散發出奪目的光輝。

借古諷今

民間流傳這樣一句話：「老不看三國」。究竟原因何在呢？要解答這一問題，首先得對《三國演義》這部巨著的寫作背景有個大略的瞭解。東漢末年，爆發了黃巾之變；繼而，州牧割據，混戰不休；終於，天下成三分之局。《三國演義》詳細描寫了這時期人與人、國與國之間的爾虞我詐，明爭暗鬥。老人家的處世態度一般已較世故，若再不自覺地受到影響，很有可能使本來「圓滑」的處事作風變成「奸狡」。

不過，今天的年輕人看《三國演義》，倒是以娛樂性和文學欣賞爲主。但我們始終得問一問，《三國演義》的作者羅貫中花那麼多的筆墨描寫戰爭的來龍去脈，究竟有沒有特別的寓意？原來作者生於元末亂世，他目睹戰亂對人民造成的深重災難，有意借漢末三國的混亂時局諷喻當世，揭示當時社會的黑暗與腐朽，同時表現其反戰思想和渴求和平的願望。

以和爲貴

白骨露於野，千里無鷄鳴。生民百遺一，念之斷人腸。

這是漢末三國之際兵連禍結、生靈塗炭的真實寫照。

古往今來，戰爭帶來的苦難確是見者傷心，聞者流淚。當權者往往爲了一己私慾，輕動干戈，而遭殃的卻是平民百姓；骨肉流離、田園荒蕪、經濟蕭條和瘟疫流播等問題，往往就是戰爭的後遺症。最令人痛心的是，當權者總是動不動以武力解決紛爭，然而，戰勝並不代表問題已解決了；所謂「興，百姓苦；亡，百姓苦。」黎民百姓又何曾得到甚麼好處？

中國文化重視「以和爲貴」，和平共處，其實不止是國與國之間，就算是我們日常生活中人與人相處之道，也具有一定的借鑑意義。

梁山泊英雄譜

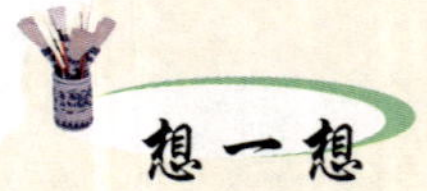

想一想

1. 在《水滸傳》中，梁山泊共有多少位成名的英雄？
2. 你知道梁山泊英雄中誰有「花和尚」的綽號嗎？

聚義梁山

宋　江——	「及時雨」	林沖——	「豹子頭」
魯智深——	「花和尚」	李逵——	「黑旋風」
吳　用——	「智多星」	戴宗——	「神行太保」
武　松——	「行　者」	楊志——	「青面獸」
秦　明——	「霹靂火」	柴進——	「小旋風」

梁山泊108條好漢，人人身懷絕技，爲一個「義」字，「八方共域，異姓一家」，南北東西各別，忠誠信義無異，肝膽相照。108人中有富豪將吏、屠夫和尚、獵戶漁人等，他們不分貴賤，不論親疏，甘苦與共。

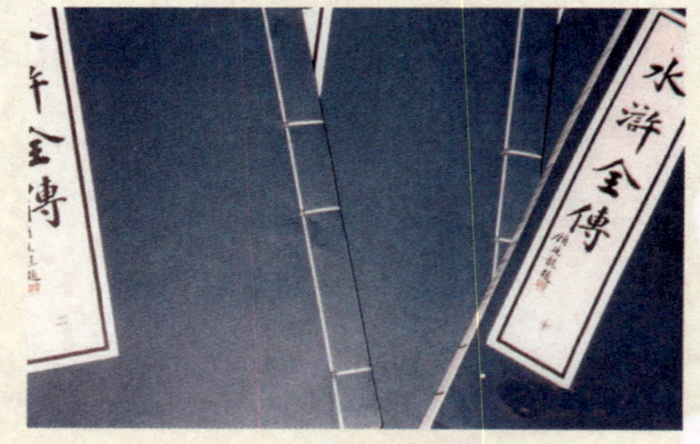

《水滸傳》書影

《水滸傳》的作者施耐庵把這些人物作爲主要線索，把一群「落草爲寇」者作爲咤叱風雲的英雄來歌頌，繪聲繪影地描寫了他們「劫富濟貧」、「除暴安良」的正義行爲，標榜「替天行道，保國安民」的思想。作者著重表現他們敢於造反、敢於與貪官污吏鬥爭的精神，高度讚揚了他們無私無畏的思想品德。其中李逵、魯智深、武松、林沖等英雄形象，尤爲光芒四射，他們不僅智勇雙全，而且在一次又一次濟困扶危的義舉中，顯示出高尚的品格和純樸可愛的個性。

梁山泊之「忠義堂」

落草爲寇

在這群英雄好漢之中，有自願上山者，有被貪官污吏逼上梁山者，也有受到感召而上山者。無論來路如何，大家聚義梁山的目的都是替天行道，反抗暴政。108條好漢齊聚「忠義堂」，排座次，以兄弟相稱，無分彼此。說到替天行道和行俠仗義，他們義不容辭，貪官污吏聞之膽喪。

花和尚魯智深——他本是一個下級軍官，對於社會上種種不公平的現象，懷有強烈的憤懣，面對罪惡勢力從不低頭；「禪杖打開危險路，戒刀殺盡不平人」是他的行事依據。他在大相國寺和「豹子頭」林沖相遇，由於痛恨權奸高俅對林沖的陷害，公然和高俅作對，置個人得失於度外。

書中處處可見官吏貪贓受賄和欺壓良民的事，貫穿著「官逼民反」的主導思想。顯然，政治敗壞，奸臣當道，是梁山英雄聚義起事的深層原因。明白了這一點，我們或許會更清楚爲甚麼作者不惜筆墨歌頌梁山好漢們見義勇爲、打抱不平的英雄事跡！

栩栩如生

《水滸傳》以塑造了108條英雄好漢的群像而燦古爍今，深受讀者喜愛。作者塑造人物的技巧十分突出，能通過人物的外貌、行事、對話及心理活動來表現其性格特徵，如前面所提到的英雄人物，個性都是極爲鮮明的。在作者筆下，即使是出身相似、來路相近的同一類型人物，也能刻畫出各自的不同形象，絕不「千人一面」。

我們在寫作時，遇到要描寫人物，又是怎樣的呢？會不會語言枯燥無味，流於俗套，所寫的人物有共性，無個性？請看看《水滸傳》這部「梁山泊英雄譜」，一定會得到很大啟發的。

搜神獵奇《西遊記》

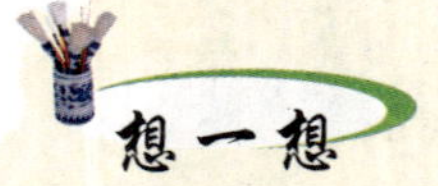

1.你知道《西遊記》的作者是誰嗎?
2.《西遊記》中玄奘「西天取經」一行共多少人?

玄奘西天取經

西天取經

話説唐太宗貞觀元年(627年),高僧玄奘不顧禁令,越過國境到天竺取經,歷時19年,終於從印度取得佛經657部,一時震動朝野。歸國後,唐太宗親自召見,推崇備至。玄奘的愛徒辯機編成《大唐西域記》,把西域諸國的人情世事、歷史地理和山川名勝,一一盡錄。人們爲了神化玄奘,於是在他西遊求經的過程中,穿插了一些神話傳説。後來,來自民間的説書和寺院里的「俗講」,又進一步添枝加葉,出現了神通廣大的孫悟空,懶惰好色的豬八戒和稟性憨直的沙僧三個重要人物的初模。這些零星的志怪傳説,雖然簡單粗糙,卻啟發了明代吳承恩創作出這部名列中國「四大奇書」之一的巨著——《西遊記》。

九九八十一難

小說中詳細描繪了唐僧師徒四人一路上遇到大大小小的「九九八十一難」。磨難愈大，愈顯出「正果」得來不易。誇張的手法免不了，正邪兩股力量更是殺個難分難解。

吳承恩塑造出各式各樣令人憎惡的妖魔鬼怪，難道只是供人們玩賞一番？看看作者的身世，看看當時的社會現實，便知道原來他的寫作並非漫無目的。據說，吳承恩年少時就已文名鵲起，但直到三十多歲時，仍然只是一個貢生的身分。他長期過著一種「賣文自給」的貧苦生活，銳氣和壯志無從舒展，坎坷的經歷激發起他「疏狂不馴」的性格。於是，《西遊記》幽默諧趣的背後，隱隱透露出一抹憤懣的情思。難怪在作者筆下，取經途中經過的國度，「文也不賢，武也不良，國君也不是有道」，妖魔助紂爲虐。要消弭這些混亂的秩序，又何嘗只是作者一人的意願？它是那個時代人們普遍的願望。這樣看來，神話背後的現實意義也就不言而喻了。

排除萬難

俗語說：「不經一番寒徹骨，哪得梅花撲鼻香？」唐僧師徒歷盡難辛才「功德圓滿」的歷程，給人們的啟發是深遠的。如果孫悟空、豬八戒、沙僧三個師兄弟能夠克服的困難，那麼，他們會合力解決；如果能力不逮的話，則他們會探索各種途徑，邀請神靈幫助，而非坐以待斃。

在日常生活中，免不了遇到挫折；在學習過程中，免不了碰到疑難。有人會以消極的態度面對挫折和疑難，如果這樣的話，是否等於問題就解決了？常聽人說：「逃避不是辦法。」努力在當下，就從此刻開始，把苦楚視爲激勵，攀過高峰，再望遠方！

攀上高峰，需要耐力

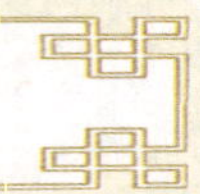

十年心血結紅樓

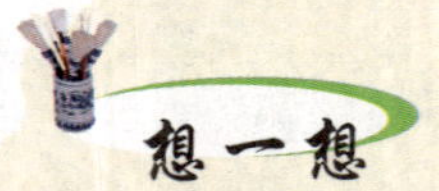

想一想

1. 你知道《紅樓夢》的故事與作者的身世有甚麼關係嗎？
2. 你認爲一部出色的文學巨著須具備甚麼條件呢？

文學瑰寶

閑談不說《紅樓夢》，讀盡詩書也枉然。

也許你未必完全認同這一句話，但是，你不得不承認，《紅樓夢》在中國文學以至世界文學史上確是一部不朽的巨著。

《紅樓夢》正式付印前，據說當時的文人，案頭必備《紅樓夢》一書；自乾隆以後，《紅樓夢》廣泛流行於江浙一帶。道光年間，《紅樓夢》已傳至國外，受到極高的推譽，人們視這部書爲文學巨著。

這樣一部文學作品，究竟是出自何人的大手筆？作者就是曹雪芹。曹氏曾是康熙朝顯赫一時的貴族世家，可惜到曹雪芹時，家道已經中落。曹雪芹由「錦衣紈綺」淪落到「舉家食粥」的巨變，對於他個人而言，確是不幸的遭遇，但也由此使他對社會上種種不平現象有了更深刻的體會。生活的困頓並沒有消磨他的意志，而是激發他專注於創作。令人歎惜的是，《紅樓夢》没有完稿，曹雪芹就因憂傷成疾，在貧病交迫中擱筆長辭了。現在流行的《紅樓夢》120回本，後40回是由高鶚續寫的。

愛情悲劇

《紅樓夢》以賈寶玉、林黛玉和薛寶釵的愛情悲劇爲主線，敘述了賈府這個大家庭由盛轉衰的過程。小說中的主人公賈寶玉是以一位封建禮教的「叛逆者」出現在書中的，他的思想行爲常表現出與傳統文化格格不入，然而，孕育賈寶玉成長的正是傳統文化，因而從賈寶玉身上，我們看到一個矛盾的性格屬性。一方面，他作爲賈氏家族的寵兒，無法擺脫爲「詩禮簪纓之族」光耀門楣的「天職」；一方面，又由於理性的覺醒，不甘成爲受人擺佈的工具。他對愛情專一執著，可是在以賈母、賈政爲代表的封建勢力束縛下，賈寶玉與林黛玉的愛情成爲悲劇，而薛寶釵與賈寶玉的勉强婚姻也沒有好結果，寶玉最終皈依佛門。

賈寶玉和林黛玉

認真創作

曹雪芹一絲不苟的創作態度是這部書獲得世人推崇備至的重要原因之一。「十年辛苦不尋常，看來字字皆是血」，正是在這不屈不撓的追求下，曹雪芹完成了這部宏篇巨著。他清楚表明，小說中所敘的事，是親身經歷，只是如今把真事隱去，撰寫一段故事，以昭示世人。他的創作態度嚴謹認真：「其間離合悲歡，興衰際遇，俱是按跡循踪，不敢稍加穿鑿，至失其真。」這說明小說是以現實生活作基礎的，所反映的內容和作者親身經歷有一定的關係。曹雪芹精心剪裁，滲入自己的所思所想：「該添則添，該藏則藏，該減則減，該露則露。」於悼紅軒中披閱十載，增刪五次，方得成書。他寫作的目的不求邀譽，並非要世人「稱奇道妙」，只望人們「喜悅檢讀」。

工夫不負有心人。曹雪芹認真的寫作態度，成就了一卷流芳後世、飲譽中外的名著。

十年辛苦不尋常，看來字字皆是血。

阿Q的「精神勝利法」

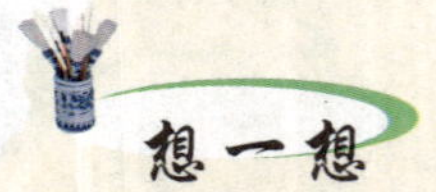

想一想

1. 你知道誰有「現代文學之父」的稱譽嗎？
2. 用「精神勝利法」處理事情的態度可取嗎？

不知自己姓甚名誰

阿Q

阿Q究竟何許人也？原來在魯迅筆下，阿Q不過是一個稱呼而已，只知道大家叫他阿Q，他的姓氏和籍貫都無從稽考，就連阿Q對自己姓甚名誰也不甚了了。但是，阿Q的性格卻是清晰的，每次遇到問題，他都會以消極的態度處理。但又由於自尊心作祟，他會用「精神勝利法」自我解嘲，然後又如常地過起日子來。阿Q跟人打架輸了，人們以爲阿Q遭了殃，然而阿Q總是自我安慰道：「兒子打老子。」然後竟心滿意足地以「得勝」的姿態走了。阿Q覺得自己是第一個能夠自輕自賤的人，洋洋得意。這樣一位小人物，本來微不足道，但在魯迅先生的筆下，卻鄭重其事地爲他立傳，你道這是爲甚麼呢？

爲何要爲阿Q立「正傳」

原來，魯迅先生有他深沉的寓意。

魯迅

魯迅在中國文學史上有「現代文學之父」的稱譽。他棄醫從文，希望以文學的力量達到改造社會人生的目的。《阿Q正傳》作爲現代文學史上公認的不朽傑作，其中自有深意。看看魯迅生活的年代，教育還未普及，社會上有很多像阿Q這樣的人物，他們沒有接受教育的機會，對外面的世界沒有太多接觸，造成一種愚昧無知的普遍現象。人們在日常生活中，遇到很多不公平的現象，但又缺乏反抗的能力，於是只好用阿Q式的精神勝利法自我安慰。這是一種無奈的、也是可悲的處事方式。阿Q的無知，最終形成了他的悲劇人生。在阿Q生存的年代，革命的浪潮正進行得如火如荼；但他不明白革命爲何物，卻糊里糊塗地混在革命黨中，到頭來，他的一生就在冤死的命運下結束了。

從小人物的事蹟，可見當時中國人性格一個典型的側面，難怪魯迅先生要爲他立「正傳」了。

「阿Q精神」要不得

回看現實生活中，阿Q這種自欺欺人和安於現狀者還沒完全消失。這種人不求進步，善於給自己找藉口。好比考試或測驗成績差了，明明是自己不盡力，但還是自我安慰道：「比上不足，比下有餘。」覺得自己還算不錯，於是繼續採取得過且過的態度。

試想想，如果凡事以這種態度面對的話，怎能有所長進呢？人類的文明發展到今日，生活質素漸漸提高，當中就是因爲有對知識孜孜不倦的追求者，他們在過程中不畏辛苦，披荊斬棘，才取得如此碩果纍纍。

阿Q的年代，沒有充裕的物質基礎讓他學習知識和掌握技能；21世紀的今天，我們擁有的條件優越多了。朋友們，知識的大門正爲我們敞開著呢，別再讓「阿Q精神」復活了！

《家》《春》《秋》三部曲

想一想

1. 你知道巴金的「激流三部曲」是在怎樣的時代背景下產生的嗎？
2. 爲甚麼説文學具有改變人生的力量？

反映封建大家庭之盛衰

巴金在《寫作生活的回顧》中説：

> 自從我知道執筆以來，我就沒有停止過對我的敵人的攻擊。我的敵人是甚麼？一切舊的傳統觀念，一切阻礙社會的進化和人性的發展的人爲制度，一切摧殘愛的勢力，它們都是我的最大敵人。我永遠忠實地守著我的營壘，沒有作過片刻的妥協。

這段自述，對理解巴金的小説「激流三部曲」有極大的幫助。「激流三部曲」由《家》、《春》、《秋》三部主題相關的長篇小説組成，是巴金的代表作。故事敘述四川成都一個四代同堂的封建大家庭，如何從興盛到衰落的過程。小説的題材不少是來自巴金本人的家庭背景，小説中的人物，有不少是以他的家人、親友爲藍本的。

巴金

《家》的剪影

「激流三部曲」中的《家》，一向被譽爲巴金的壓卷之作，曾經

有人說《家》是20世紀的《紅樓夢》。

故事背景是1920年冬到1921年春，當時正值「五四」新思潮蓬勃發展的時候，幾千年來的封建制度受到極大的衝擊。巴金以覺新、覺民、覺慧三兄弟的戀愛和婚姻貫穿全篇小說，帶出在封建大家庭中，青年女子的不幸遭遇和悲劇命運。例如，鳴鳳因為出身低賤，不能與「三少爺」覺慧相愛；後來，高老太爺更把她送給六十多歲的馮樂山作姨太太。最後，鳴鳳投湖自盡，對不公平的命運作出抗議。

《家》書影

小說中，高老太爺代表了封建衛道者，在大家庭中擁有至高無上的權力，專橫無理，漠視他人的權利；「三少爺」覺慧代表了新一代的進步者，他敢於公開反抗高老太爺的命令，大膽支持覺民的抗婚之舉。通過對覺慧與高老太爺兩人衝突的描寫，既揭露了封建制度對青年一代的摧殘，又展現出新一代人在時代思潮鼓舞下的覺醒。

文學改變人生

巴金曾經說：

> 我為甚麼需要文學？我想用它來改變我的生活，改變我周圍的環境，改變我的精神世界。

巴金在「激流三部曲」中對封建禮教作出了控訴，並期待新時代的來臨。他相信文學具有改變社會的力量。

巴金一直堅持自己的理想，創作不同的文學作品，真實地反映生活。他曾經這樣鼓勵小學生：「理想不會拋棄苦心追求的人，只要不停止追求，你們會沐浴在理想的光輝之中。」

今天，他的作品先後被譯為日、俄、英、波蘭、泰國、越南、朝鮮、烏克蘭、烏茲別克、捷克等國的文字，在全世界廣為流傳。

武俠小說放奇葩

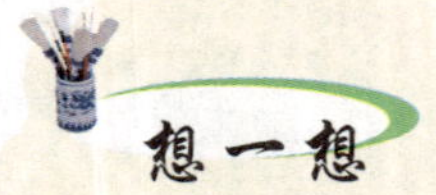

想一想

1. 你能說出金庸十四部武俠小說的名稱嗎?
2. 金庸武俠小說的人物中，誰有「俠之大者」的稱號?

天下誰人不識君

凡有中國人、有唐人街的地方就有他的小說，你猜猜這個人是誰？他就是鼎鼎大名的武俠小說作家——金庸。

「飛雪連天射白鹿，笑書神俠倚碧鴛。」短短14個字，蘊含金庸先生風行天下的14部武俠小說：

飛——《飛狐外傳》
雪——《雪山飛狐》
連——《連城訣》
天——《天龍八部》
射——《射鵰英雄傳》
白——《白馬嘯西風》
鹿——《鹿鼎記》
笑——《笑傲江湖》
書——《書劍恩仇錄》
神——《神鵰俠侶》
俠——《俠客行》
倚——《倚天屠龍記》
碧——《碧血劍》
鴛——《鴛鴦刀》

金庸自《射鵰英雄傳》一書問世，即奠定了他在武俠小說領域的宗師地位。他的作品舒捲歷史風雲，感慨蒼茫人生，想象奇詭，情理兼備，柔情俠骨，讀來令人蕩氣迴腸。加上現今資訊發達，電視劇、網上遊戲不斷傳播，使他的小說在華人社會中廣泛流傳，擁有龐大的讀者群。有人說, 在中國文學史上，恐怕只有兩位作家的作品，真正做到了家喻户曉, 前者是《紅樓夢》, 後者乃金庸武俠小說。

俠之大者

金庸小說的人物形象是很突出的，如郭靖、令狐沖、楊過，蕭

《射雕英雄傳》書影

峰，張無忌的形象，早已深入人心。難得的是，他能夠把人物賦予一定的「文化品味」，請看看他是怎樣描寫「俠之大者」郭靖的。

郭靖天性憨厚，從他成長到成名的過程，波瀾起伏，充滿傳奇色彩。他生於大漠，師承江南七怪，後來南下中原，機緣巧合下又拜「北丐」洪七公爲師，復得到「老頑童」周伯通的指點。在《射雕英雄傳》接近尾聲時，他的武功已有所成，可是在武功與正義的取捨之間，他選擇後者而放棄前者，道德界線是非常清晰的。

郭靖爲人重義守信，先是三擒三縱「西毒」歐陽鋒，最終捨身保護襄陽，成全了大義。論者認爲郭靖是「仁者」的典型，是一位爲國爲民的真正「儒俠」。誠然，從郭靖這一藝術形象，令人看到儒家理想中的人格典型。在中國歷史上，不乏像郭靖這樣捨生取義的大俠。作者著意褒揚這種人格光輝，不但在古代社會，就是在當代及後世也有其永恆的意義。

著名學者馮其庸說：「這是一種浩然之氣，是強烈的正義感與是非感。金庸筆下的一些英雄人物，具有一種豪氣干雲、一往無前的氣概。他給人以激勵，給人以一種巨大的力量，使人感到深厚的民族感情和愛國思想。」郭靖正是具有這種文化特質的理想人格。

散發中華文化魅力

對傳統文化的重視，是金庸小說被譽爲「文化結晶」、「百科全書」的原因之一。小說中舉凡琴、棋、書、畫、詩、詞、曲、賦、對聯、謎語、說書、笑話、參禪占卜、百戲酒令、醫藥命理等等，皆應有盡有。最可貴者，是作者將這些文化元素，自然地融入作品之中，又藉傳統文化來闡釋武功修養乃至人生哲理，讓本來偏向娛樂消閒的武俠小說，提升到一個很高的文化層次，而當中所廣泛涉獵的哲學、歷史、政治、法律、經濟、婚姻、風俗、藝術等領域，如同文學巨著《紅樓夢》一樣，儼然一幅包容廣闊的社會歷史畫卷，散發出中華傳統文化的魅力。

單元五

倫理道德

一、人性本善
二、行仁循禮
三、捨生取義
四、君子之風
五、倫理秩序
六、盡忠職守
七、養老送終
八、孝悌精神

人性本善

1. 你認同「人性本善」的觀點嗎？爲甚麼？
2. 你能够做到「己所不欲，勿施於人」嗎？

不忍之心

以下是一則有關饑饉的報告：

> **資料顯示，全球每日超過一萬名孩子因飢餓離世。超過一億五千萬五歲以下的孩子每天都吃不飽。飢餓令兒童長期營養不足，影響發育及容易患病，甚至面對死亡的威脅。**
>
> **此外，因缺乏食物和營養，每七名出生於發展中國家的兒童，便有一名在五歲前夭折。**

看完這篇報告後，你是不是很難過呢？會不會想幫助這些小朋友呢？也許，當你知道這些小朋友正在受到飢餓的威脅時，你會產生憐憫之心，希望能夠伸出援手。這樣做並不是因爲你認識他們，也不是想獲得別人的稱讚，而是在一種不忍之心的驅使下，希望他們能夠脱離苦痛。

儒家大師亞聖孟子，相信人的本性是善良的，這種不忍之心是與生俱來的，根源於每個人的內心深處。

仁義禮智

孟子所説的人性本善，就是從人有不忍之心出發的，包含了仁、義、禮、智四種善良的本性。他認爲這是人們與生俱來的。孟子説：

> 惻隱之心，仁之端也；羞惡之心，義之端也；
> 辭讓之心，禮之端也；是非之心，智之端也。

孟子認爲不忍之心，是仁的發端；羞恥之心，是義的發端；禮讓之心，是禮的發端；是非之心，是智的發端。任何人心中都有這四種善端，就猶如每個人的身體都有四肢一樣。人有仁，所以能愛天下一切人和物；人有義，所以能維持和追求天下和平；人有禮，所以能尊敬古今之人；人有智，所以能辨別是非，知錯能改。

仁愛之心

仁、義、禮、智是人的本性，可是我們要緊記，仁、義、禮、智只是善端，是萌芽，需要不斷培育和擴充。

將心比心

那麼怎樣擴充善端呢？孔子說：

> 己所不欲，勿施於人。
> 己欲立而立人，己欲達而達人。

意思是說：我們要學會尊重別人，自己不想要的東西，就不要強加給別人。俗語說：「將心比心。」就是說要理解別人的立場，體會他人的心意，不能以一己私慾而犧牲他人。孟子以大舜爲例，指出大舜出生時與平常人是沒有分別的，但是他懂得培育和發揚仁、義、禮、智四端，推己及人，以真誠對待天下百姓，因此深受人民的擁戴，成爲萬世敬仰的聖人。

聖人受人尊敬，離不開個人的努力。而每個人只要努力，也可以保存並擴充善端，受人愛戴。如在學習上，我們應以品行優異的同學爲榜樣，學習他們的長處，改正自己的缺點。這樣，我們同樣可以成爲一個得到別人認同和稱讚的好學生。

行仁循禮

想一想

1. 你知道孔子所説的「仁」是指甚麽嗎？
2. 爲甚麽説譚嗣同是「仁人」？

殺身成仁

志士仁人，無求生以害仁，有殺身以成仁。

（《論語‧衛靈公第十五》）

上面這句話的意思是：志士仁人，不會爲了保全性命而損害仁德，而只會犧牲生命以成全仁德。

譚嗣同殺身成仁

清末，在戊戌維新運動中，譚嗣同寫了一本《仁學》的書，主張變法圖强，振興中華。在「百日維新」時，他發覺慈禧太后跟直隸總督榮禄密謀逼光緒皇帝讓位，光緒的處境十分危險。譚嗣同在光緒同意下，請袁世凱設法保護光緒。誰知袁世凱卻連夜通知榮禄向慈禧通風報信。慈禧先發制人，下令廢除新政，捕殺維新派人士，把光緒囚禁於瀛台，是爲「戊戌政變」。

政變發生後，譚嗣同得到好友通知。這時，他如果要逃走還來得及，但他没有這樣做。好友梁啟超勸他趕快逃往日本，他説：「我國二百年來，未有爲人民變法流血的人，就由我譚嗣同開始吧。」他把書稿送給梁啟超，梁一再勸，都被他拒絕了。

结果譚嗣同被逮捕入獄。獄中，他在牆上寫了一首詩，其中兩句是這樣的：

我自横刀向天笑，去留肝膽兩崑崙。

臨刑時，譚嗣同昂首高呼：「有心殺賊，無力回天，死得其所，快哉快哉！」他死時才二十三歲。

譚嗣同殺身成仁。從他的言行，可見他的坦誠襟懷，完全實踐了孔子所說「仁」的意義了。

孔子論仁

孔子向學生論述仁的意義

「仁」是孔子學說的核心，也是儒家倫理道德觀念的基石。孔子所說的「仁」，具體是指甚麼呢？

學生樊遲問「仁」，孔子答：「愛人。」意思是説，「仁」就是對人要有愛心。孔子還説：「克己復禮爲仁。」又説：「非禮勿視，非禮勿聽，非禮勿言，非禮勿動。」這就是説，抑制私心慾望，使言行都合乎禮制的規範，就是「仁」。而實踐「仁」的要領，即不合於禮的事不看，不合於禮的話不聽，不合於禮的話不説，不合於禮的事不做。由此可見，「仁」不僅僅是一個道德觀念，更重要的是一個實踐的觀念。

誠意行仁

「仁」有兩個特點：一是真誠的，二是實踐的。真誠就不虛假，實踐就不只是理論知識，而是要做出來的。所以孔子説：「志士仁人，無求生以害仁，有殺身以成仁。」所謂「仁人」，甚至會犧牲自己，這就是要以生命來實踐的意思；而以生命來實踐仁，也就是仁的最高境界了。

捨生取義

想一想

1.文天祥爲甚麽不接受元世祖的高官厚禄而選擇死亡呢?
2.孟子用「魚與熊掌」來比喻甚麽?

從容就義，名垂青史

人生自古誰無死，留取丹心照汗青。

——《過零丁洋》

這義薄雲天的詩句，作者是文天祥。文天祥，是南宋滅亡時堅持抗元的狀元宰相，他與南宋初年堅持抗金的名將岳飛，都是宋史上流芳百世的民族英雄。

人生自古誰無死，
留取丹心照汗青。

南宋滅亡時，文天祥心知大勢已去，狂瀾難挽，但他明知其不可而爲之，屢蹶屢起，與元軍周旋，直至兵敗被俘。他被押到大都囚禁後，元世祖忽必烈親自勸降。文天祥雖然面對著元世祖，仍然不肯。元世祖也没有勉強他，只是説:「如果你在這裏的日子久了，能改變心意，用效忠宋朝的心來對待朕，朕可以給你一個宰相的職位。」文天祥回答:「我是大宋的宰相。國家滅亡了，我只求一死以盡忠，不想偷生。」

元世祖見文天祥終不可奪志，只好下令把他處斬。

文天祥被押解到柴市口刑場時，監斬官問他:「文丞相你還有甚麽話要説?待我奏回皇上，或能免死。」

文天祥喝道:「死就死，還有甚麽可説？」

他問監斬官哪邊是南方，有人給他指了方向。文天祥便向南方跪拜説:「我的事情完結了，心中無愧！」於是引頸就刑。

文天祥從容就義後，士兵在他的衣帶中發現一首詩：

孔曰成仁，孟曰取義，唯其義盡，所以仁至。
讀聖賢書，所學何事？而今而後，庶幾無愧。

文天祥選擇的是「義」，而不是「生」，這就是「捨生取義」。文天祥認爲「正義」的價值遠高於「生存」的價值，所以他選擇了「義」，正氣浩然，這種精神很值得我們敬佩。

魚與熊掌，不可兼得

孟子説：

魚，我所欲也；熊掌，亦我所欲也。二者不可兼得，舍魚而取熊掌者也。生，我所欲也；義，我所欲也；二者不可兼得，舍生而取義者也。

魚與熊掌，不可兼得

這就是俗語「魚與熊掌，不可兼得」的來源，孟子用魚和熊掌作比喻，認爲兩者同時擁有當然最好，但如果遇到「生存」和「正義」兩者相衝突時，他寧願選擇「正義」，而放棄「生存」。即是説一個人的道德價值，高於軀體生存的價值。所以孟子説雖然他很想要「生」，但也要正義地生存，不能苟且地偷活。雖然他也很想避免死亡，但更想避免不正義的生存，所以寧願不逃避死亡，欣然面對。

生死關頭，經受考驗

人生的際遇是變幻不定的，尤其是在政局動盪或戰爭頻仍的年代，不少人都會面對「生命」和「正義」的衝突。在生死關頭，如何作出抉擇？究竟「生」與「義」何者較爲重要？這就是考驗一個人的時候了。

君子之風

想一想

1. 你認爲怎麼樣才可以成爲「君子」呢？
2. 君子有「九思」，你能做到哪幾點？

僞君子，真小人

若論典型的僞君子，可能許多人會立刻想起金庸筆下《笑傲江湖》中的文學形象岳不群。岳不群是華山派掌門人，表面上方正不阿，品格高尚，劍風瀟灑，有「君子劍」的美譽。他外表文質彬彬，面如冠玉，一臉正氣，頗有涵養。岳不群時常教導弟子要「記得仁義爲先，做個正人君子」。

「君子劍」岳不群

然而，岳不群的骨子裏，爲人卻深沉陰險，喜怒不形於色，野心極大，希望稱霸武林。他爲了取得林平之的《辟邪劍譜》，更是不擇手段。岳不群不但假裝好心收留林平之，並將女兒許配給他。奪取《辟邪劍譜》後，更想殺人滅口，並嫁禍給自己的弟子令狐沖。最後，岳不群雖然奪得五岳劍派盟主之位，卻換來了「僞君子」的定評，是地道的「真小人」。

岳不群一生所作所爲，與孔子所説的「君子」，可謂大相逕庭。

君子與小人

在孔子的思想中，「君子」與「小人」是一對相對立的人格寫照，二者具有截然不同的道德取向。

孔子在談及「君子」時，往往都與「小人」相對照，他曾經這樣說：「君子喻於義，小人喻於利。」意思是說：君子與小人的價值觀是截然不同的。君子所言所行的準則是以「義」爲首，以「義」作爲衡量是非、決定取捨的標準；而小人則是以「利」爲先，只管追求個人的私利，不顧他人。

孔子談論君子和小人之別

孔子又說：「君子成人之美，不成人之惡，小人反是。」他認爲小人的心胸是無法與君子相比的。君子只會成全別人的好事，欣賞別人好的一面，不喜歡挑撥是非；而小人則嫉賢妒能，喜歡污衊別人，挑撥離間。

君子九思

孔子大力褒揚君子，目的是爲人們樹立一個可以模倣的典範，讓人明白只要能加强道德修養，也是可以與君子看齊的。如何才可以成爲君子呢？就是要學會「九思」：

> 視思明，聽思聰，色思温，貌思恭，言思忠，事思敬，疑思問，忿思難，見得思義。

意思是：看要看清晰，聽要聽清楚，臉色要表現溫和，容貌要表現謙恭，說話要真實，做事要恭敬，有疑惑要發問，忿怒要想後果，見利益要思考是否自己應得的。孔子提出的「九思」，就是要人們常常自我反省，不斷進步。

孔子又說道：「君子泰而不驕，小人驕而不泰。」就是說：君子在得失之間，能泰然處之，不驚不怍，態度彬彬有禮，言辭恭敬；而小人得意之時會趾高氣昂，目中無人。

這些話語，警示我們面對成功或失敗時，要處之泰然，不可驕傲自大或自暴自棄，在今天仍有借鑑的價值，爲我們的人生指點迷津。

倫理秩序

想一想

1.「五倫」是指哪五種關係?

2. 試說說學生應盡的本分是甚麼?

大同社會

春秋時期，孔子周遊列國。有一次，他來到齊國，想說服齊國君主採用他的「仁政」主張。但當時齊國的情況很混亂，大夫陳氏權勢很大，齊景公則只懂奢侈享樂，寵愛姬妾，徵收重稅，施行重刑，又不立太子。孔子看見齊國這樣的情況，就明白爲甚麼天下秩序會這樣混亂，原來就是因爲由國君到大臣、由父親到兒子之間，人人都沒有盡自己的本分和責任。所以當齊景公向孔子請教治國之道時，孔子就直接告訴他說:「只要做到君君、臣臣、父父、子子，天下自然能夠大治。」

孔子向齊景公講述治國之道

孔子所說的「君君、臣臣、父父、子子」，前一個「君」字是名詞，後一個「君」字是動詞。即是說，做君主的盡君主的本分，做臣子的盡臣子的本分，做父親的盡父親的本分，做兒子的盡兒子的本分。

齊景公很認同孔子的主張，認爲如果君不盡君的本分，臣不盡臣的本分，父不盡父的本分，子不盡子的本分，即使國家再富庶，社會也不一定會和諧。如果君主勤政愛民，大臣盡心盡力協助君主，父親全心全意教導兒子，兒子真心孝敬父親，所有人都在人倫關係中盡他的本分，這個社會便是一個充滿愛心、和諧而有秩序的社會，這便是孔子理想中的大同世界。

五倫關係

孔子對齊景公所說的，主要是君臣與父子之間的關係。他在其他場合，還談及夫婦、兄弟、朋友之間應如何相處。孟子則明確地總結了上述各種人際關係及其應當遵守的行爲準則，即：「父子有親，君臣有義，夫婦有別，長幼有序，朋友有信。」(《孟子·滕文公上》)

這就是所謂「五倫」，亦稱「五常」，乃傳統的儒家倫理道德觀念的核心內容。孔子及孟子認爲，如果每一個人都盡自己的責任，做好自己的本分，社會就會和諧，有秩序，不會有互相攻伐、互相鬥爭的情況出現。

各盡本分

孔子和孟子對人倫關係的論述，很值得我們重視。在現今社會，如果每一個人都能盡自己的本分和責任，例如做父母親的多花點時間與子女溝通，當官員的能夠勤政愛民，當老師的專心教育下一代，那麼社會自然能夠安定繁榮。試想想，我們在求學時期，應盡的本分又是甚麼呢？努力學習，尊敬師長，孝順父母，這些都是我們可以做到的。

讓我們從現在開始，好好盡自己的本分和責任吧！

親子溝通

盡忠職守

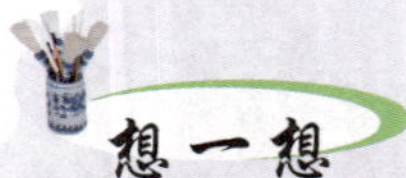

1. 孔子是怎樣解釋「忠君」思想的？
2. 「忠君」思想在現代社會有甚麼意義？

臣子要忠於君主

孔子向魯定公談忠君

「忠君」是中國傳統的思想道德觀念。「忠君」是要求臣民對君主要忠心不二；反過來，君主也要凡事以臣民的利益爲依歸，爲人民謀求幸福的生活，這樣才能得到臣民的擁戴。

魯定公問孔子：「君主役使臣子，臣子侍奉君主，應該是怎樣的？」

孔子回答：「君主役使臣子要按照禮制，臣子侍奉君主要忠誠。」

孔子認爲君主如要役使臣下，一定要按照禮制。禮制是當時的制度，相當於今天的法例。君主分派任務給臣子，要按照當時的禮制要求，不能按照自己的意思，任意差使。孔子主張「君君、臣臣、父父、子子」，就是説君主盡君主的本分和責任，臣子盡臣子的本分和責任。孔子要求各人盡自己的本分和責任，而不是給君主無限的權力，隨意差遣臣下。

替人辦事要盡心

讓我們看看甚麼是「忠」。

曾子說:「吾日三省吾身:爲人謀而不忠乎?與朋友交而不信乎?傳不習乎?」意思是說:我每天多次反躬自省:替別人辦事是否盡心盡力?和朋友交往是否誠實?老師傳授我的是否做到呢?

曾子是孔子晚年的得意弟子,他跟隨孔子學習到甚麼叫「忠」。由此可見,他所理解的「忠」是盡自己的本分。所以,若要求臣下「事君以忠」,即是要臣下盡自己的本分和責任來協助君主。臣子的責任是甚麼?當然不是盲目言聽計從,而是協助君主把國家治理好,使社會安定,民生康樂。

國民要爲國效忠

孔子倡導的「忠君」思想,在今天,對我們的日常生活又有甚麼啓示呢?在學習階段,尊敬師長,天天學習,努力向上,愛護學校的一草一木,保護公物,是學生應有的本分。如果我們作爲一家公司的職員,就必須忠於這家公司,有敬業樂業的精神,視公司爲第二個「家」,熱愛工作,提高辦事效率,爲公司的贏利作出貢獻,對於公司的業務機密,當然不能隨便向外披露。而身爲國民,效忠國家,熱愛民族文化,發揚優良傳統,繼往開來,更是我們每一個人的責任。

如果我們都能克盡本分的話,社會自然能夠和諧安定、昌盛繁榮。

克盡本分,專心工作

養老送終

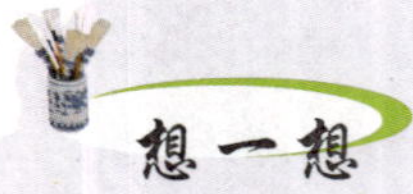

1. 祭祀先人有甚麽意義?
2. 爲甚麽説好好地侍奉父母的晚年更富實際意義?

慎終追遠

孝子賢孫掃墓情景

孔子的學生曾子説:「慎終追遠,民德歸厚矣。」

「慎終」是指謹慎地對待父母的去世;「追遠」是追念去世的祖先。有些人在父母逝世後,表面上花費大量金錢舉辦豪華的喪禮,但内心一點也不悲哀,這是孝敬之心的表現嗎?

「追遠」是由真誠對待父母開始,對長輩、祖先也採取誠敬的態度。有些人祭祀祖先只是形式上在節日上香,甚至完全忘記祭祀,對待先人一點尊敬的心意也没有。

慎終追遠,既要用行動來表示,也要有一顆真誠的心。人們會在清明或重陽節日,專程到祖先的墓地祭祀,這是孝子賢孫用行動表達對先人敬意的一種方式;當然,人到,心也要到。

老有所養

父母去世後,我們舉辦隆重的喪禮,固然表示了爲人子女應有的孝心。但是,你有没有想過:在父母在生之年,特别是當他們年高體衰的時候,如果我們能夠多盡一點孝心,好好地孝敬父母,那

李密寫《陳情表》

不是更有實際意義嗎？

這裏，給大家舉一個例子。《晉書・孝友傳》有一個名列首位的孝子賢孫李密。李密年幼時，父親病故，母親被舅父逼迫改嫁，他孤苦零丁，靠祖母劉氏撫養成人。李密爲人正直，德才並茂，並對祖母克盡孝道，遠近聞名。因此，晉武帝司馬炎特旨徵召他入朝爲太子輔佐。當時，違背皇帝的旨意是要獲罪的。但他因祖母年老多病而不想離家，遂冒險向武帝上了一份《陳情表》，訴述與祖母相依爲命、不忍離她而去的苦衷。

由於《陳情表》寫得情辭懇切，字字自肺腑中流出；因此武帝看後大受感動，不但不予責怪，而且加以褒獎。李密這種「烏鳥私情，願乞終養」(《陳情表》語)的孝行，確實是最富實際意義的。

古人說：「父母在，不遠遊，遊必有方。」意思是說：父母在世的時候，做子女的不要隨便遠行，如果真要外出，也要告訴他們想要到甚麽地方，以免他們擔心。時下有些青少年朋友，對家庭缺乏歸屬感，常常到三更半夜，還在外面流連，有沒有想到父母的感受呢？

古人也說過：「父母之年，不可不知，一則以喜，一則以憂。」意思是說：對於父母的健康，我們應該多關心。如果父母能夠長命百歲，是很值得慶賀的；但因爲他們年事已高，擔念就要多一些，對他們的起居和飲食喜好，需要備加照顧。

在日常生活中，你又會怎樣關心父母親的起居飲食呢？

孝悌精神

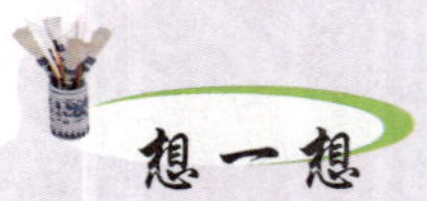

1.你知道「孝悌精神」是甚麼嗎?
2.如何才可以做到「老吾老以及人之老,幼吾幼以及人之幼」?

分甘同味

如果家裏只剩下一個月餅，你會不會與兄弟姐妹分享呢？請看以下一則新聞報道：

> **距離中秋佳節尚有兩星期，屯門一對兄弟昨凌晨爲吃月餅事宜發生爭執，更釀成流血事件。事緣兄長見弟弟宵夜時獨享整個月餅，提議分甘同味，疑弟不肯分讓，兩人遂起爭執，混亂間兄長頭部被刀擊傷。母親見狀報警，警方到場將傷者送院，以及拘捕持刀的胞弟。**

你是怎樣與兄弟姐妹相處的呢？是互相愛護還是常因小事而起爭執呢？以下「孔融讓梨」的故事與上述新聞正好成爲對比。

孔融讓梨

孔融從小對父母恭敬孝順，對兄弟謙讓友愛。在孔融四歲時，有客人送來一些梨子給他和五個哥哥分享。孔融挑選了一個小梨，把大梨讓給哥哥。父母和客人問及原因，孔融說：「我年紀小，當然該吃小的。」孔融讓梨的行爲，讓人明白兄弟間要相互尊敬，和睦相處。

敬侍父母

儒家提倡的「孝悌精神」是傳統倫理道德的重要內容之一。孟子把人倫關係分爲君臣、父子、夫婦、兄弟和朋友五種，認爲每一個人都應該恰如其分地做好自己的角色。

孝順父母是子女的本分，古人有「百行孝爲先」的說法。如何纔可以稱爲孝順呢？孔子說：「今之孝者，是謂能養。至於犬馬，皆能有養。不敬，何以別乎？」一般人認爲所謂孝順父母，就是爲父母提供生活所需。孔子認爲如果只是這樣做，和飼養動物根本沒有甚麼分別，不算是孝。他提出孝道的重點在於對父母存有尊敬之心，能以真誠的態度侍奉他們。

兄友弟恭

同樣，兄弟間的相處，應做到「兄友弟恭」。做兄長的，要關心弟弟；做弟弟的，要尊重兄長。互相愛護，敦睦友愛，這就是「悌」的內涵。能做到這一點，就不會發生爭執吵鬧。當生活中遇到困難時，就會盡最大的努力互相幫助。俗語說：「兄弟同心，其利斷金。」道理也就在此。

推己及人

近年來，關於家庭爭吵的新聞屢見不鮮，讓人萬分感慨。因此，古人所提倡的「孝悌精神」仍然有重要的借鑑價值。讓我們從中領悟與家人相處之道，營造融洽和睦的生活氣氛。

古人這麼努力提倡的孝悌精神，其目的不僅希望親人能夠相親相愛，還希望能夠向外擴充。孟子說：「老吾老，以及人之老；幼吾幼，以及人之幼。」意思是：尊敬自己的長輩，從而推廣到尊敬別人的長輩；愛護自己的兒女，從而推廣到愛護別人的兒女。古人又說：「君子敬而無失，與人恭而有禮，四海之內皆兄弟也。」

古人提倡孝悌，希望人們能夠推己及人，尊敬和愛護與自己沒有血緣關係的老人和小孩。這樣，人與人之間就可以建立兄弟般的關係，互相友愛。

這種「四海之內皆兄弟」的精神，很值得我們學習和發揚。如果每個人都能把愛心推而廣之，尊重別人，人際間自然可以減少很多無謂的摩擦和紛爭。

讓座敬老

單元六

經濟貿易

經商致富有方

1. 你知道富商的代稱是甚麽嗎？
2. 想一想，古代商人會用甚麽方法宣傳産品呢？

陶朱公——富商的代稱

你知道陶朱公是誰嗎？他就是春秋末年越國的大夫范蠡。范蠡本是楚國宛（今河南南陽）人，到越國爲官，輔佐越王勾踐。越國被吴國打敗後，勾踐曾入吴爲人質；返回越國後，越王勾踐卧薪嚐膽，發憤圖強，終於滅吴。范蠡爲人足智多謀，又有知人之明。他認爲越王勾踐「可與共患難，不可與歡樂」，滅吴後遂泛舟出走，隱姓埋名。

陶朱公畫像

范蠡後來定居於齊國的陶（今山東定陶），改名陶朱公，潛心營商。陶朱公不僅政治才幹過人，而且很有生意頭腦。例如他在當時就已經悟出物價貴賤與供求的關係：供過於求則價賤；求過於供則價貴。由於陶朱公既是春秋末年政壇上的風雲人物，而在隱居後又以經商致富，並留下不少關於理財的遺訓，因此後世便以「陶朱公」代指富商。

注意廣告宣傳

人們普遍認爲，追求財富，農不如工，工不如商。意思是説，要積累財富，發財致富，營商的速度較快，商人往往能脱穎而出。有智慧的商人面對客觀營商環境，會想出各種方法，來打開生意局面。其中，以廣告形式促銷産品，便是一種營商的藝術。

古時候，商人已經想出以名人來作宣傳的方法。話說宋朝紹聖年間，蘇東坡被貶到海南島儋縣。當地有一位賣環餅的老婦，手藝出色，做出的環餅香脆美味；可是，因店舖的位置偏僻，生意冷淡。後來，老嫗想請蘇東坡爲她的店舖題詩，以吸引顧客；蘇東坡見到老婦生活困苦，心生憐憫，就揮筆寫下：

纖手搓來玉色勻，碧油煎出嫩黃深。
夜來春睡知輕重，壓扁佳人纏臂金。

寥寥28字，勾畫出環餅勻細、色鮮、酥脆的特點。老嫗將此詩高懸門上，果然吸引不少慕名者，由是客似雲來，生意日益興隆。

古代商人營業情景圖

除了以名人作廣告外，古代商人更會以幌子和招徠市聲推銷自己的產品。所謂幌子，就是掛在店舖門外，用來招徠顧客的招牌，如經營旅店的，會掛上「賓至如歸」的牌匾，開設商店的，會貼出「公平交易」的標語等；招徠市聲，則主要是以吆喝、説唱方式或器樂聲響來宣傳商品。可見古代的商人，已十分講究商業廣告的宣傳效應。

成功來之不易

中國人一向講求艱苦創業，白手興家。出色的商人，做生意往往是從零開始，由小到大。在此過程中，要經過一番艱苦的奮鬥。例如明代的閩商李晉德在《客商一覽醒迷》一書中，記述了商人外出經商應當注意的事項。另外，此書所附商歌也真切地描繪出遠行商旅的生活：

四海爲家任去留，也無春夏也無秋；
堂前未得供餐粥，説到班衣雨淚流。

詩中寫出商人爲生計四處奔走，居無定所，生活十分艱辛。這也説明，營商跟從事其他行業一樣，要取得利潤，積累財富，也是要付出辛勞的。

國家專賣制度

想一想

1.「食餚之將」是指甚麼生活必需品?
2. 你認爲古代的專賣制度有何利弊?

民生所需

古人云:「十口之家，十人食鹽；百口之家，百人食鹽。」又說:「夫鹽, 食餚之将。」

鹽，是煮食的必需品，商品市場需求量大。古時候，不少富商巨賈都是依靠煮鹽而起家的。這些大鹽商聚財千萬，富可敵國。

此外，鐵器也是生活必需品，所謂:「一女必有一針一刀」、「耕者必有一耒一耜一銚」。鐵器可以製造農業生產工具和生活用具。因此，許多商人從事冶鐵而賺取巨額財富。

官營鹽鐵

商周時期，工商業者皆世襲依附於貴族，民間並沒有自由工商業者。春秋以降，貴族漸趨沒落，自由工商業者日漸興起，獨立的富商出現了。這時，山澤池沼開放，鹽鐵由工商業者自由經營。民間富商巨賈掌握全國各地煮鹽業、冶鐵業，甚至鑄幣業。西漢初年，雖然對商人的地位有所壓抑，但民間依然可以經營鹽鐵及鑄幣事業。當時，不但一些富商巨賈從煮鹽、冶鐵及鑄錢中獲取厚利，而且一些政治上有野心的劉氏王侯，也聚眾從事此道，藉以積蓄財力，與朝廷抗衡，甚至圖謀篡奪。如漢景帝時吳王濞發動叛亂，就多得力於經營鹽鐵及鑄錢業而積累的財富。武帝採取大臣桑弘羊

鐵器

古代鹽田

的建議，改變放任自由的經濟政策，將有利可圖的鹽、鐵的經營權收歸國有，禁止私人經營。

漢武帝時，官營鹽鐵的辦法，就是在產鹽區設立鹽官，招募當地人煮鹽，產品由官家收購發賣；在產鐵區設立鐵庫，經營採冶鑄造，發賣鐵器。鹽鐵官統屬於中央的大農令。

漢武帝以後的各朝代，爲了防止商人壟斷鹽鐵之利，確保國庫收入平穩，都長期推行鹽鐵專賣政策。唐宋時，不斷有商品加入專賣之列，如酒、茶、香料、醋等。明清時，隨著商品經濟的發展，專賣制度才變得較爲寬鬆。到最後，只剩下鹽實行專賣，其餘各項都開放給民間經營。

利弊互見

對於專賣制度的推行，歷代評價不一。有人說，專賣制度不僅可以增加國家的財政收入，而且能夠有效防止商賈囤積居奇，抬高物價謀取暴利。也有人說，專賣制度讓政府壟斷市場貿易，若遇上貪官，這個制度便成了搜刮民脂的工具，如唐後期實行鹽茶專賣，腐敗的官僚趁鹽茶供不應求時，乘機敲詐勒索百姓。

推行專賣制度，有利有弊，不能一概而論。無可否認，專賣制度的實施，確實阻礙民間私營商業的發展。例如：宋代的時候，朝廷推行茶的專賣。當時，只有富商巨賈才有能力向政府買茶出售，小商販只能私下向種茶製茶的人購買茶葉，茶農往往私留一部分好茶冒禁賣給私人茶商，而把劣茶上繳官府，希望多一些收入。因此，私茶一般比官茶品質優良，民間也喜喝私茶。結果，導致茶葉走私盛行，破壞了經濟的正常發展。

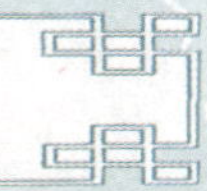

古代貨幣琳瑯滿目

想一想

1. 爲甚麽秦始皇要統一貨幣？
2. 你知道中國是世界上最先使用紙幣的國家嗎？

「此地無銀三百兩」

話說古時候，有一個人叫張三，他很辛苦才積攢了300兩銀子。銀子太沉，不能經常帶在身上。他決定在住宅的外面挖一坑，把銀子藏好。張三在旁邊立了一塊木牌，上面寫着：「此地無銀三百兩」七字，他這才安心地去睡覺。

張三整天心神不定的樣子，引起鄰居王二的好奇心。深夜時，王二靜悄悄來到張三的院外，當他看見寫有「此地無銀三百兩」七個字的木牌時，便知道這是藏錢之地，動了歪念，決定把300兩銀子偷走。可是，王二心想：「要是張三發現銀子丢了，可能會懷疑是我偷的，那怎麽辦呢？」忽然，他靈機一動，在木牌上寫下：「隔壁王二不曾偷」。

「此地無銀三百兩」這個故事，除了諷刺自作聰明的人外，也反映出古時的銀兩體積大而沉重，收藏困難。

從「秦半兩」、「漢五銖」到「開元通寶」

中國貨幣歷史悠久，源遠流長。早在春秋戰國時期已經出現各種形制的金屬貨幣，如以農具爲形的布幣、以刀削爲形的刀幣、倣天然貝形狀的蟻鼻錢(銅貝)，還有象徵天圓地方觀念的圈錢等。

秦朝的半兩錢

漢朝的五銖錢

唐朝的開元通寶

後來，秦始皇統一全國，下令由國家劃一鑄造銅錢，方便商業貿易。秦時的銅錢，名「半兩」，圓形方孔，直徑一寸二分。銅錢上刻有「半兩」二字，代表重量。秦朝這種半兩錢，確立了圓形方孔的錢幣形式，在中國沿用了二千多年。

至漢武帝時，推出「五銖錢」，以五銖銅鑄造面值相等的錢。這種「五銖錢」爲以後錢幣的輕重大小訂下基本標準。唐朝時，才廢除五銖錢，推出「開元通寶」。自此，「通寶」錢流通了一千三百多年，直至民國初年。

北宋「交子」——世界上最早的紙幣

除了各式各樣的金屬錢幣外，中國更是世界上最早使用紙幣的國家。北宋初年，四川一帶只用鐵錢，不用銅錢。可是，鐵錢體重值輕，大鐵錢1000文可重25斤，使用很不方便。於是，商人便發明類似存款收據，可以兌現、亦可流通的手寫票券，稱爲「交子」。北宋中葉，「交子」改由朝廷發行，以鐵錢爲現金儲備，發行數量有限額，每三年兌現一次。「交子」，是世界上最早出現的紙幣。其後，隨著商業日益繁盛，紙幣逐漸取代笨重的銅錢，成爲主要的貿易媒介。

形制圖案富有象徵意義

貨幣不僅用於交易，而且不同的形制、圖案也體現了各個朝代的文化。其實，只要我們細心觀察，便可以發現各種錢幣都有獨特的面貌。秦代圓形方孔的錢幣，方孔代表地，外圓代表天，象徵了中國古代天圓地方的宇宙觀念。此外，一錢之中，有天有地，也象徵皇帝君臨萬方，一統天下。

又如香港錢幣的設計，就見證了香港主權的改變。1992年以前發行的硬幣均鑄有英女皇頭像，代表英國政府對香港的管治權。1993年，香港政府逐步推出鑄有洋紫荊圖案設計的硬幣，摒除了英國的殖民統治色彩，意味著香港主權將於1997年7月1日回歸中國。

香港硬幣

地下礦藏廣爲開發

1．你能説出多少種天然礦産的名稱？

2．陶瓷工藝品具有哪幾方面的價值？

干將與莫邪

相傳干將和莫邪夫婦是春秋末期吳國的鑄劍名匠，他們鑄造的寶劍皆鋒利無比，削鐵如泥。有一次，吳王闔閭命令干將採五山鐵精鑄劍。可是，經過三個月不眠不休的鑄造，仍然無法熔化鐵精。後來，莫邪嘗試把她的頭髮和指甲投到爐中，再用300個童男童女鼓風冶煉，終於鑄成名爲「莫邪」的陰劍和名爲「干將」的陽劍。

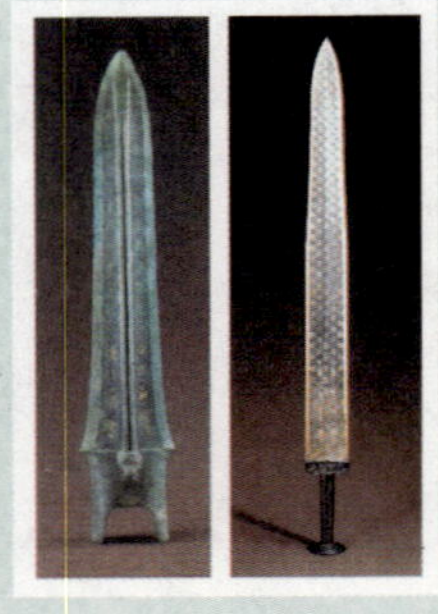

吴王夫差矛
與越王勾踐劍

這個故事充滿傳奇色彩，不可盡信。然而，當年吳國確實以精湛的鑄劍技術揚名天下。現時出土的吳王夫差矛與越王勾踐劍，雖然深埋地下達二千餘年之久，仍鋒利異常，毫無鏽斑，可見當時鑄劍技術的精良。

陶瓷製作不斷創新

對於礦産資源的開採與利用，自古以來，已成爲一種專門的工業，如採煤業、製鹽業、陶瓷業、冶鐵業、鑄銅業等。每種礦物的開採和提煉方法都不同，古人憑著自己的經驗和智慧，幾千年來，採礦業與鑄造業的發展多姿多采。

古人運用陶土和瓷土不同的特性，加上不斷創新的製造技巧，生産種類繁多的陶器和瓷器。中國製作陶器和瓷器的歷史悠久，在陶器燒製方面，漢代釉彩的使用，使製作工藝發展到一個新的階段。所謂釉彩，就是覆蓋在陶器表面的玻璃質薄層，能使陶器顏色更鮮豔美麗。釉彩在唐代達到高度的成就，顏色分爲黄、綠、白三種，這就是舉世聞名的「唐三彩」。

提起瓷器的燒製，人們很自然地就會聯繫到江西的景德鎮。你知道景德這名字是怎樣得來的嗎？原來，北宋的真宗皇帝非常讚賞該地的瓷器，便命令其所燒製的瓷器都鐫上「景德年製」的字樣；「景德」是真宗的年號，景德鎮也因此而得名，並逐漸發展爲中國的瓷都。景德鎮所出品的影青瓷，色澤光鮮，花紋別緻，飲譽中外。

從隋朝至明清，陶瓷器從水路和陸路運到國外，暢銷世界各國，反過來也推動陶瓷業發展。因此，中國陶瓷器不僅爲歷朝帶來豐厚的收入，在對外經濟貿易和文化交流中也發揮著重大的作用。

先秦時期古人就開始採金。西周時，已經發明以薄金葉包在銀、銅等金屬外面的包金技術。春秋時代的工匠，更善於以金屬絲在器物上鑲嵌文字或花紋。北宋時，人們已廣泛採煤作燃料，應用於鋼鐵冶煉工業，提高生產力。

珍惜資源

隨著採礦業與鑄造業開發經驗的累積，一些專門著作便逐漸出現。其中，明人宋應星寫下《天工開物》一書，圖文並茂地介紹當時的採鑄業情況，被譽爲「17 世紀中國的百科全書」。該書共三卷 13 篇，其中「冶鑄」、「錘鍛」、「五金」專門論述冶金技術的方法和成就。

中國地大物博，地下礦藏豐富，分佈廣泛，幾乎全國各地都有。例如：煤集中於山西、內蒙古、貴州、安徽、陝西等地；玉主要在新疆、雲南等地；石油集中在西部與東部地區，黑龍江、山東、河北的儲藏量佔了全國的 70%；黃金資源主要出產自河南西部、黑龍江、陝甘川交界處及河北。而香港也有多種礦物，如磁鐵、鉛、銅、鋅、石英、石墨等，分佈於港九新界不同的地區。

礦物是大自然賜給百姓的寶物，每種礦物都有獨特的用途。可是，這些天然資源是有限的，我們要學會珍惜資源，善用資源，不要浪費。

各種礦石(鉛、銅、鋅、石英、石墨)

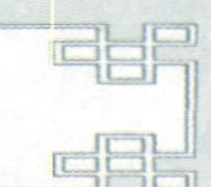

造船業成就驕人

想一想

1. 你知道「樓船」指的是古代哪一類船嗎？
2. 船舶裝上羅盤針，有甚麽好處？

輕舟快如飛

中國古代的造船業成就輝煌，曾經生產了各種各樣的船舶，如形形式式的海船、內河船和戰船等。這些船舶行駛在江河湖海中，快捷如飛。李白的《下江陵》一詩寫道：

朝辭白帝彩雲間，千里江陵一日還。
兩岸猿聲啼不住，輕舟已過萬重山。

「兩岸猿聲啼不住，輕舟已過萬重山」，就是寫詩人在傾聽兩岸猿聲之際，船舶已經輕快地穿過三峽重重疊疊的山嶺，行駛千里。

三大高峰期

中國古代的造船業，曾經出現三個高峰期，分別是秦漢、唐宋和明。這三個高峰，一峰更比一峰高。

漢代「樓船」

秦漢時期，中國的造船業出現了第一個高峰，其中比較突出的是造出可作軍事或遊玩的「樓船」。這種船是一種具有多層建築和攻防設備的大型船隻，由於它的外觀似樓房，故稱爲「樓船」。漢朝時，有一艘「豫章」號大樓船，船上設有許多華麗的宮室，據説可以乘載萬人。

唐宋時期，由於對外海路貿易的發達以及運河的開鑿，成就了中國造船史上的黃金時期。當時，一艘巨型的海船可載幾百人，蓄積一年糧食，還可以在船上養豬和釀酒。這些海船船體高大，結構堅固，安全性高，吸引了很多外國商人乘坐。

到了明代，中國古代造船技術又發展到一個新水平。明代造船廠廣佈各地，沿海及內地皆可造船。鄭和七次下西洋，其船隊所用的「寶船」，最巨型的那艘長約 138 米、寬約 56 米，可載 1000 餘人。這些寶船是採用堅實的木材製造的，設有穩固的隔艙壁和各種減搖裝置，船隻航行時的穩定性大大提高。

造船技術創新

中國古代造船工匠首創了不少造船技術，如船舵的使用、水密隔艙結構和羅盤針的裝置等。

船舶在水中航行要靠船舵操縱航向，中國是最早使用船舵的國家。早在二千年前，中國就已經使用槳形舵，宋朝以後還出現了平衡舵，加强舵控制航向的作用。那時候，外國人還不知道「舵」的存在，直至 12 世紀末 13 世紀初，歐洲國家才開始使用。

水密隔艙也是中國古代造船技術的一項重大成就。所謂水密隔艙，就是用隔艙板將船艙分隔成一個個互不相通的艙區。水密隔艙的設置，增加了船隻航行的安全性。由於艙與艙之間是嚴密分隔開的，在航行中，即使有一兩個船艙破損進水，水也不會流到其他船艙，這樣船隻就不至於沉沒了。中國最晚在唐代就已經開始在船舶上設置水密隔艙，歐洲人直到 18 世紀末才開始採用。

造船技術在宋代有顯著的進步。當時，已開始使用船塢，並發明了滑道下水的方法。造船工匠能製造形形式式的船舶，而大型船舶上裝有羅盤針，作爲全天候的導航儀器，可在陰晦濃霧中破浪航行。

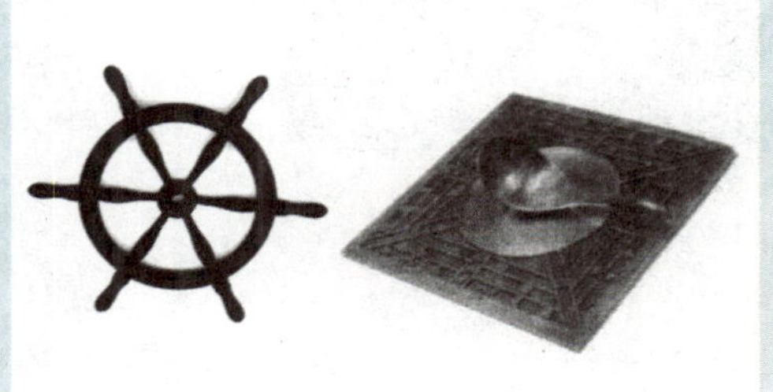

船舵與羅盤針

中國古代造船技術的發明和創造，對於世界造船業和水上航運的發展，貢獻至爲巨大。

「南國花城」廣州

想一想

1. 爲甚麼廣州又稱爲「羊城」呢？
2. 爲甚麼廣州會成爲中國最早設置海關的貿易港口呢？

廣州，地處中國大陸南邊，位於珠江三角洲北端，濱臨南海，既是河港，又是海港。自古以來，廣州就是中國南方重鎮，海上交通的良港。而廣州地屬亞熱帶，氣候溫暖濕潤，冬無嚴寒，夏無酷暑，四季如春，繁花似錦，故有「南國花城」之稱。

五羊獻瑞

廣州又稱「羊城」。據説周朝的時候，廣州出現連年災荒，農業失收，人民生活艱苦。有一天，南海的天空忽然傳來一陣悠揚的音樂，五位仙人穿著繽紛的衣裳，騎著五頭仙羊降臨大地。當地的百姓高興地迎接，五位仙人把手持的穀穗送給他們，並且祝福説：「從今以後，希望這塊廣大的土地上不會再出現饑荒，永遠繁榮發達。」百姓聽後，歡欣鼓舞。五位仙人駕起五朵祥雲，翩然遠去；五隻仙羊則化成了彩色的石頭，成爲廣州的象徵之一。

五羊石雕

五羊獻瑞的美妙傳説，爲廣州這個歷史文化名城、經濟貿易重鎮平添了神秘的色彩。

海上貿易繁忙

廣州能成爲重要的商埠，與其地理位置有密切的關係。由於廣州鄰近東南亞和南洋群島一帶，因此，來自中國其他港口的商船要前往西洋，都先集中於廣州，然後出發；由西洋到中國的商船，也先到廣州，再轉往其他地區。

秦漢之際，廣州已有對外海路貿易，當時的「番禺城」，就在市區的中心地帶。唐宋是中國歷史上海上對外貿易的黃金時代，當時的廣州不僅是全國最大的對外貿易港口，更是世界著名港口之一，對外貿易極爲頻繁，外舶雲集，各種貨物，在此集散。唐朝海舶能夠直達波斯灣，開拓了直通東非的航道。這條從廣州到波斯灣的航綫，全長共達1萬多公里，途經24個國家和地區，是16世紀以前亞非各國海舶航行上最長的航綫。當時，進出口的貨物種類繁多，出口以瓷器和絲綢爲主，進口的舶來貨以香料居首。

中國海關之始

唐開元二年(714年)，政府在廣州設置管理對外貿易事宜的官員，稱爲「市舶使」；北宋開寶四年(971年)，更在廣州設置專職的外貿機構「市舶司」，可説是中國海關的濫觴。

廣州的繁榮，加上政府招徠外商的設施，吸引了許多阿拉伯、波斯、南海商人來此定居。唐宋政府，特別設置外商、外僑的居住區，稱爲「蕃坊」，蕃坊內的居民可奉行其本民族的宗教和風俗習慣。蕃坊置蕃長一人，職責主要是代表當地政府管理蕃坊中各類事務以至接待外國船隻，招徠外國商人。

廣州對外貿易的盛況，對促進中西文化交流起著舉足輕重的作用，西方的音樂、科學、天文和舞蹈藉此東傳，大食人則在廣州建有懷聖寺。

今天，廣州仍然是華南地區的金融商業中心，每年都會舉辦中國出口商品交易會，簡稱「廣交會」。自1957年起，「廣交會」每年分春、秋兩屆舉行，是目前中國規模最大、成效最佳的交易會，亦是一個綜合性及多功能的國際貿易盛會，每年都吸引世界各地的客商雲集廣州，互通商情。

廣州海港

東方巨港泉州

想一想

1. 你知道泉州得名的由來嗎?
2. 泉州在哪個時代成爲馳名世界的東方巨港?

泉州，作爲中國的歷史文化名城，屹立於東海之濱，鍾靈毓秀，人文薈萃。古往今來，以其風光旖旎的自然景觀和獨具神韻的人文景觀，有如一顆璀燦的明珠，光芒四射，蜚聲海內外。而泉州之所以得名，則是因爲其風景區清源山之流乳泉「味甘而潔，湛然澄清」而來。另有許多別稱，如「鯉城」、「刺桐城」等。

天然良港

古代的泉州，與廣州同爲中國對外海上交通貿易的重要港口。她興起於唐，鼎盛於宋，至宋末元初而達於頂峰。今天依然屹立在泉州的六勝塔，就是元代的建築，指示海舶進出港口的夜航燈塔。

元代泉州港的海外貿易空前繁榮，成爲馳名世界的東方巨港。東起朝鮮半島，中及東南亞地區，西至波斯灣乃至非洲東北部廣大地區，有近百個國家和地區的海舶雲集於泉州港，大量的進出口商品在那裏集散或起運。元世祖時，意大利著名旅行家馬可・波羅奉命護送科克清公主下嫁波斯，就是從泉州揚帆出海的。摩洛哥著名旅行家伊本・巴圖塔來中國，也是從泉州港登陸的。

當時，泉州城南長一里許的聚寶街，成爲了中外商賈雲集、奇珍異寶雜陳的通衢鬧市。「城南聚寶接江濱，此地當年耀麗珍。攘攘熙熙互市客，夏來冬去十洲人」，從詩人的妙筆中，我們可以想見當年的貿易盛況和繁華景象。

千年寶塔

一提到泉州的文物古蹟，最膾炙人口的，首推拔地挺立的東西塔。東西塔是泉州古城的標誌。它位於開元寺大雄寶殿兩側，東塔名鎮國塔，西塔名仁壽塔，分別建於唐末和五代。最早是木塔，後改爲磚塔，至南宋時改建爲石塔。東塔高 44.06 米、西塔高 44.24 米。塔作平面八角、五層五檐的樓閣樣式，柱枋檐礎均以榫頭相接，結構嚴密，歷經滄桑而巍然屹立，不偏不倚。更令人歎爲觀止的，是塔上的雕刻內容廣泛，工藝精巧，形神各異，氣象萬千。位於東西塔之間的名刹開元寺，始建於唐垂拱二年（686 年），氣象莊嚴，環境清幽，亦以其古老精湛的建築藝術著稱於世。

泉州東西塔

古城新姿

泉州，作爲一個歷史文化名城，在近二十多年來，也有新的發展，新的跨越，古港雄風重振，名城更添姿彩。城市發展，交通先行。泉州已經建成了快捷的海陸空主體交通網，鞏固並強化了泉州作爲福建交通樞紐的地位。

後渚港即古刺桐港，是泉州交通發展的代表作，「以港興市」的目標工程。如今的後渚港，有客貨、雜貨、糧食、石油等專用碼頭七個，5000 噸級集裝箱碼頭兩座，並有泉州至香港、日本的散雜貨與集裝箱班輪航線及泉州至香港的客運航線。此外，湄州灣的蕭厝港，水深條件良好，極具潛力，它的開發，與泉州灣的後渚港等 4 灣 12 港區互相呼應，連成一氣，使泉州港成爲當代的東方大港，延續古時的風彩。

揚州雄富甲天下

想一想

1. 爲甚麼揚州有「雄富甲天下」之稱?
2. 爲甚麼揚州可以成爲繁榮的貿易港口呢?

揚州，地處中國東南部，北依淮河，南臨長江，自古爲淮鹽總匯，商業繁盛。魏晉南北朝時期，東吳、東晉及宋、齊、梁、陳六朝相繼建都南京(當時稱建康)，揚州被當作「王畿」，地位十分重要，因而有「雄富甲天下」之稱。

一夜造白塔

據説清代的乾隆皇帝有一次到瘦西湖遊覽，船行至五亭橋畔時，乾隆對身旁的官員説:「這裏的風景與京城的北海相似，只是缺了一座白塔。」第二天清晨，乾隆推開窗戶，惊見五亭橋旁一座白塔巍然矗立。乾隆以爲是從天而降，嘖嘖稱奇。侍候的太監解釋説:「皇上，這是此地鹽商大賈江春，連夜趕建而成送給皇上的。」乾隆聽聞後，感慨地説:「人道揚州鹽商富甲天下，果然名不虛傳。」

這個傳説固然有點誇張，卻從側面反映出昔日揚州之繁盛，是富商大賈雲集之地。

揚州白塔

鹽業中心

揚州商業的發展，與鹽業的關係極大，故有「揚州繁華以鹽盛」之説。清朝時候，揚州鹽運量達到高峰。揚州古運河上鹽船不絕如縷，綿延數百里。揚州鹽商運銷數額巨大，總計一年就達168萬餘引。這個數量佔全國

9個鹽區額定引數的30%。運輸量之大，堪稱全國之最，可以想像當年揚州港口的繁忙景象。

當時，揚州鹽商人數眾多，財雄勢大。清朝全盛時期，户部所存的庫銀爲7800萬兩，而揚州一個鹽商「蓄資七八千萬」，竟然與户部一年所存庫銀相等，真可謂「富可敵國」了。

一業興，百業旺。鹽業的興盛，也刺激了其他商業貿易的蓬勃發展，市場熙熙攘攘，非常熱鬧。唐人張祜詩云：

十里長街市井連，月明橋上看神仙。
人生只合揚州死，禪智山光好墓田。

詩中描寫了揚州店舖雲集、鱗次櫛比的繁華盛況，也寫出了人們對揚州的嚮往。

運河與長江交匯點

促使揚州商業興盛繁榮的原因很多，其中，隋煬帝時南北大運河的開鑿是一個很重要的因素。大運河是中國古代黄河流域和長江流域相聯繫的主要交通幹線。揚州（隋代稱爲江都）位於運河入長江的交匯點，這個優越的地理條件使它成爲南北貨物的集散地。黄河流域和江南各地珍異商品多匯集此地，然後轉運各地分銷。

唐朝的時候，揚州是一個對外貿易的重要商埠，市內聚集了許多外國人。有大食人、波斯人、日本人、新羅人等，達數千人之多。外國商人多以買賣珠寶爲業，而從揚州出口的商品主要是絲綢、陶瓷、銅器和中藥材等。這些外商的貿易活動，促進了揚州商業的繁盛。

揚州是一座擁有二千多年歷史的古城。自隋煬帝開鑿大運河以後，進一步成爲水陸交通樞紐和鹽運中心。1982年，揚州更位列國家歷史文化名城。

揚州古運河遺蹟

單元七

交通傳訊

飛鴿傳書

1. 古時候，是不是真的有「飛鴿傳書」這回事呢？
2. 如果今天你到外國留學，可以用甚麼方法與香港的親友聯繫呢？

雁信無憑

古時候，人們離鄉背井，遠走他方，只可以通過家書與親人聯絡。可是，因爲通信設備不完善，往往需要一段很長的時間，才可以把信件寄到收信人手中。晚唐詩人杜牧在《旅宿》這首詩中，曾經寫道：

旅館無良伴，凝情自悄然。
寒燈思舊事，斷雁警愁眠。
遠夢歸侵曉，家書到隔年。
滄江好煙月，門繫釣魚船。

寒燈思舊事

意思是說：夜深人靜時，遊子獨坐旅店裏，對著寒燈回憶往事，孤雁的叫聲使人煩燥難眠。鄉關道路遙遠，寫下的家書卻要等到來年才能帶到。全詩描寫了遊子獨處異鄉，音信難通的寂寞和淒涼，表達了思鄉之情。

寄望魚鳥

其實，從秦朝開始，歷朝都不斷在全國建立郵驛系統，驛站林立，驛馬飛馳已是很常見的現象；但是這種驛站只爲官府傳遞公文和軍情，私人通信只能另想辦法了。

據説唐代著名宰相張九齡少年時，喜愛在家中飼養一大群鴿子。他每次想與親友書信往來時，就會把書信繫在鴿子腿上，指示牠飛往目的地，以此互通信息。張九齡把這信鴿稱作「飛奴」。宋人姚勉「飛奴解遞丞相箋」及歐陽澈「遠欲飛奴傳翰墨」等詩句中，亦曾提及信鴿。

飛鴿傳書

除了「飛鴿傳書」外，古代還流傳了「鴻雁傳書」、「青鳥傳書」、「鯉魚傳書」、「紅葉傳書」、「風箏傳書」等通信方法。這些傳信方法可能只是傳説，但從一個側面反映了當時民間通信的困難，尤其遭逢戰亂，當真是「寄書長不達」、「家書抵萬金」。

從「麻城約」到「民信局」

隨著社會的發展，文明的進步，民間的通信系統逐漸形成。明朝永樂年間，四川居住著一群湖北麻城、孝感地區的遊子，他們長年在外，思鄉情切。於是，大家想出一個辦法，每年都委托專人把家書送到家鄉。久而久之，就成了一個固定組織，俗稱爲「麻城約」，這是中國民辦的第一個通信組織。後來，同類型的組織在全國各地擴展開來。

清朝時候，上海、寧波等地開始把這種組織稱爲「民信局」，主要工作是傳遞民間的信件。民信局的出現，大大方便了普通百姓的通信活動，而且他們的經營範圍廣，收費又便宜，深受人們的歡迎。

如今，通信網絡已非常完善，無論你身在何方，都可以隨時通過郵寄、電話、圖文傳真、電子郵件等方式與親友保持聯繫，不必再像古人那樣，「雁來音信無憑，路遙歸夢難成」了。

郵驛通信

想一想

1. 古代交通不便，人們如何傳遞文件呢？
2. 你知道古代的郵驛主要是負責哪些工作的嗎？

「無人知是荔枝來」

郵驛，是中國古代的一種通信方法，由政府管理，主要爲政治、軍事服務，負責傳遞文書、接待使者以及轉運物資。

晚唐詩人杜牧有一首詩寫道：

長安回望繡成堆，山頂千門次第開。
一騎紅塵妃子笑，無人知是荔枝來。

驛夫快馬加鞭趕送荔枝

據説楊貴妃喜愛吃鮮荔枝，每年唐玄宗會派專人給她從四川運送這種水果。從四川到長安有數千里之遙，要保持荔枝新鮮不變，確實不容易做到。這首詩是在諷刺帝王濫用郵驛制度，利用驛傳來運送荔枝，以滿足一己私慾。詩中寫道，驛馬在道路上奔馳，風塵僕僕，不知情的人還以爲有緊急的軍情，誰知竟是爲了寵妃要吃鮮荔枝，皇帝以此博美人一笑。

歷史悠久

中國是世界上最早建立有組織的信息傳遞系統的國家之一。早在三千多年前的商代，陸路交通已有驛傳制度：乘車傳遞的稱爲「馹」、「傳」；乘馬傳遞的稱爲「遽」、「驛」。

古代驛站

西周時代，在商代馹傳制度的基礎上，郵驛制度逐漸形成。及至秦漢時期，政府已制訂一套郵驛法令。隋唐時期，郵驛事業進一步發展，並日臻完善。

國脈所繫

一套完整的郵驛系統，有助於強化政治管理、提高行政效率，故有人稱郵驛系統爲「國脈」。唐代中央政府將全國郵驛系統的管理職責歸於尚書省的兵部，負責國家公文書信的傳遞和緊急軍事情報。當時，驛站遍於天下，最盛時全國有1600多個，專門從事驛務的員工共有二萬多人。據説中唐詩人元結在道州任上才不足五十天，就收到各地文書達二百函之多，由此可見當時郵驛效率非常高。

蒙古族建立了中國歷史上疆域最大的帝國，而較爲完備的驛傳制度是蒙古帝國政治軍事成就的重要條件之一。當時，驛站負責協助傳遞政令，招待來往官員，接應外國使節，保護商旅安全。各站置有館舍，配備不同的交通工具，陸行有馬、驢、牛，水行有舟，山行有轎，東北邊遠地區更有特殊用於冰上的驛狗。這些交通設施，構成了一個廣闊而完整的驛路交通網。

明清時期，政府都曾經對驛政進一步改善，使之更趨完備。郵驛通信，一向爲我國古代信息傳遞的主要形式；直到清朝末年，政府於1896年創辦新式郵政，才逐漸替代這種古老的驛傳制度。1913年，民國政府宣布將驛站全部撤銷，中國亦進入了新式的郵政時代。

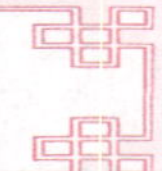

烽燧報警

1.你知道甚麼是烽火台嗎?
2.「烽燧報警」有甚麼特色呢?

周幽王烽火戲諸侯

西周時，爲了防備外敵入侵，朝廷在鎬京附近的驪山一帶，修建了許多烽火台。若發現敵人，士兵就在烽火台上點火作爲警報，召喚諸侯起兵勤王或奔赴前線支援。

烽火台

傳説周幽王的愛妃褒姒長得很漂亮，但自從被選入宫後，從未展露過笑容；幽王爲了博得愛妃一笑，用了很多方法，但都未能奏效。後來，他心生一計，帶褒姒來到烽火台上，擺下酒筵，然後派人燃點了烽火台上的烽火。各路諸侯以爲天子有難，急忙率兵至鎬京，有的將軍連衣冠都没有來得及穿戴整齊，便火急趕到。哪知道來到烽火台下卻不見敵兵，只見幽王和褒姒在台上飲酒作樂，而褒姒看見諸侯的狼狽相，就哈哈大笑起來。後來，犬戎入侵鎬京，幽王再燃烽火告急，諸侯以爲幽王是在戲弄他們，就沒有人肯出兵了。

這個故事告訴我們，在西周末年，烽燧已經是邊防告急的聯絡信號了，是重要而有效的軍事通信方法。

傳遞軍情，迅速及時

所謂烽燧報警，就是從邊疆到中原腹地的通道上，每隔一定距離，築一座烽火台，接連不斷。當夜間遇警時，士兵就燃點柴草並把它舉高，靠火光給鄰台傳遞信息，這稱爲「烽」；而日間遇警時，則燃點台上積存的薪草或狼糞（用狼糞燒成的煙又旺又直，容易通傳，因而烽火台又有狼煙台的叫法），以煙示意，這稱爲「燧」。

漢朝時，將士還以烽燧多寡的暗號來表示敵人的數目：若有敵人一人或數人入侵，則焚一捆薪，舉起兩個烽火；若是十人以上，就需要將烽火高高揚起；若有五百以上的敵人，則除了焚薪外，還需要舉起三個烽火。這些暗號，可以使軍隊迅速知道敵情，做好迎戰準備。

烽火傳遞信息是非常快速的。漢武帝時，衛青、霍去病與匈奴作戰，二人率領幾十萬大軍分路出擊，以烽火作爲進軍號令，僅僅一天時間，就使河西的信號傳遞到幾千里外的遼東。

由於烽燧報警迅速及時，直到明清時代，這種方法仍然沿用不衰。據後人的考察和研究，從漢代至清代，新疆共建有160多座烽火台。至今，在絲綢之路沿途，仍然可以看到當日烽火台的遺址。

烽火——戰爭的代名詞

以烽燧傳遞軍事情報，對防守邊疆，抵禦敵人，確有一定的作用。當烽火台一個接一個地燃放烽火傳遞警報時，就表示敵人入侵，一場戰爭隨時爆發。古人把「烽火」一詞比喻爲「戰爭」，如唐代詩人杜甫的《春望》就寫道：

烽火連三月，家書抵萬金。

烽火連天，說明了戰爭的慘烈。詩人掛念親人，希望能收到家中的來信，可惜音訊全無。

烽燧制度的實施，反映了古代的軍事信息聯繫網絡。烽火傳遞軍情固然迅速，但它並不能完整地傳達繁複的軍事內容，每當遇上雨季時，烽火更起不了作用。因此，郵驛通信就顯得格外重要了，它填補了烽燧通信的不足。

張騫出使西域

想一想

1. 張騫出使西域的主要歷史功績是甚麽?
2. 你知道「絲綢之路」是指哪一條通道嗎?

出使大月氏

張騫出使西域

張騫是漢武帝時代的人，從小就有探訪四方、增長見聞的志願。當時，漢朝常常受到北方的匈奴人南下擾亂，漢武帝想招募使者出使西域①與月氏國交好，一起夾擊匈奴，消除後患。張騫得知這個消息後，便立刻去應徵。

建元三年(公元前138年)，張騫與一個名叫甘父的人，帶領了少數的人馬從隴西出發到西域去。可是，在路過匈奴邊境時被匈奴捕獲。匈奴的首領爲了留住張騫，把一個匈奴女子嫁給了他。張騫被匈奴拘留了十年不放，但他不忘使命，乘匈奴人對他監守漸漸鬆懈時，便帶領妻兒和剩下的漢使，重新踏上尋找大月氏國之路。幾經輾轉，他們終於來到大月氏國。張騫把他的來意説明後，大月氏國王已無意東歸復仇，與匈奴爲敵；但他對漢朝皇帝非常敬重，希望與漢朝成爲友好鄰邦。

張騫在大月氏停留了一年餘，便決定返回漢朝。不幸的是，路過匈奴境界時，他又被匈奴逮捕。一年多後，張騫趁匈奴發生内亂，才得以逃脱。當張騫回到首都長安時，已是十三年後的事了。漢武帝聽了張騫的報告，稱讚他宣示了漢朝的國威，肯定了他通西域的功績。

---

① 西域：漢朝時候，玉門關(今甘肅敦煌西北)和陽關(今甘肅敦煌西南)以西、葱嶺(今帕米爾高原和喀喇昆侖山)以東的天山南北地區(今新疆)，稱爲「西域」，這是狹義的説法；廣義地説，西域包括葱嶺以西，今中亞、西亞、南亞等地。

出使烏孫

公元前119年，張騫再度出使西域，目的是招引烏孫回歸河西故地，以牽制匈奴，並加強與西域各國的聯繫。他和三百多個隨員，帶著萬頭牛羊及大批絲綢金帛等出發。他自己去了烏孫國，而幾個副手就分別到大宛、康居、大夏、安息等國。烏孫國王熱烈歡迎漢使的到來，但他不知漢之大小，又懼怕匈奴，不敢和漢朝聯盟。然而，烏孫仍派遣使者數十人，陪同張騫返回長安。隨後，張騫分遣到各國訪問的副使，也同這些國家的使者回訪。這些使者目睹漢朝的富強後，都欣然與漢朝結盟。

張騫出使西域，本意是爲了建立反對匈奴的戰略聯盟，實際上卻建立了漢朝和西域各國正式的官方外交，中國從此才開始瞭解到西域各國的情況。此後武帝又連年遣使前往西域，與安息、身毒、條支等國通好。自此，西域諸國與中國的交往日益頻繁。

「鑿空」之功

太史公司馬遷把張騫出使西域譽爲「鑿空」，「空」即「孔」，意思就是開闢孔道。中國通往西域的道路雖然早就存在，但要到張騫出使以後，漢與西域交通孔道才漸次暢通，往來日益頻繁，逐漸形成了中西交通史上著名的「絲綢之路」。

隨著絲綢之路①的開闢，漢朝與西域的經濟文化交流飛躍發展。中國文明如冶鐵、鑿井、造紙等技術傳至西域，絲綢、漆器、銅鏡等經中亞轉輸至西亞、歐洲。西域的音樂、舞蹈，波斯、希臘的美術，印度的佛教，以及西域物產如葡萄、苜蓿、胡桃、石榴等，亦傳入中國。

張騫兩次出使西域，雖未能達致與西域的大月氏、烏孫等國結盟以對付匈奴，但自此卻令中國與西域的交通蓬勃發展，促進了中西文化交流，居功至偉。

---

① 絲綢之路：自從張騫通西域後，中西陸上交通路線被開闢出來。這條交通路線，自長安經河西走廊進入西域，可通往西亞乃至歐洲，以運銷中國盛產的絲織品而聞名世界，中外史家稱之爲「絲綢之路」。

班超再通西域

想一想

1.「投筆從戎」這個成語是甚麼意思呢？
2.你知道班超經略西域的英雄事跡嗎？

投筆從戎

你知道「投筆從戎」這個成語的來源嗎？這個成語出自《後漢書》,「從戎」, 就是從軍的意思。東漢時，有一個人名叫班超，他出身於書香世家，父親班彪、兄長班固、妹妹班昭都是出色的史學家。班超自己也廣涉書傳，學問淵博。三十歲那年，班超爲官府抄書以養家。可是，他不滿足於整日抄抄寫寫的工作。有一天，他突然把筆一擲在地，説道:「大丈夫志在四方，應當倣效傅介子、張騫，立功異域，以取封侯，怎能老是埋頭筆墨之間呢？」不久，班超果然從軍去了，投身到大將軍竇固麾下，隨他出擊匈奴，屢立戰功。

班超雕像

那時候，匈奴日漸強大，控制著西域，阻斷漢與西域的交通，經常侵擾河西等地。漢明帝爲了解除匈奴的威脅，命班超等人出使西域，開展外交活動，以配合對匈奴的軍事進攻。

經略西域三十年

班超在西域的活動，歷時三十年(73－102 年)，深得西域諸國順服，使東漢得以重建在西域的聲威，加強了漢室與西域的聯繫。

由於當時匈奴勢力強大，班超的外交活動也曾經遇上不少困難。公元73年，班超率領36名隨從，首先抵達鄯善。開始時，鄯善王對班超一行十分熱情，不久卻突然冷淡下來；原來匈奴也遣使到鄯善，鄯善王不知所從。班超得知消息後，便當機立斷，夜襲匈奴使團，一舉將其殲滅，鄯善王於是決心與東漢結盟。

接著，班超來到了于闐國。由於匈奴的使臣比班超先行到了于闐，于闐國王對待漢朝使臣的態度有些輕慢。「要不要跟漢朝結盟呢？」于闐王心中拿不定主意，於是他找來巫師，希望得到神的指示。巫師本與匈奴使者暗中勾結，於是就裝神弄鬼地説要先拿班超的黑馬來祭神。班超知道了，便假裝同意，但要求巫師親自來取。當巫師來取馬時，班超立即把他殺了，並提著巫師的首級送給于闐國王。于闐國王看見後，心裏感到很害怕，便也和漢朝結盟。西域其他國家，如龜茲、疏勒等，知道鄯善和于闐兩個大國已跟漢朝結盟，便紛紛歸順漢朝。

中西交通路線延伸

東漢自明帝至和帝時期，班超以堅毅不拔的精神，再次打通西域的交通。此外，班超更派甘英遠赴大秦①。甘英雖然未能渡海到達大秦，但也遠至西亞的波斯灣，瞭解沿途的地理情況與風俗習慣，使中西交通路線得以伸延。

班超通西域後，重新宣示了漢朝的聲威，西域各國都樂於和中國交往。漢朝更在邊境及西域設立官署，保護使者與商旅的往來。這樣一來，就加強了漢與西域的經濟文化交流。由西域輸入中國的貨物有寶石、藥劑、香料等；中國的絲綢，源源不絕地輸往西域。當時絲織品在羅馬市場的價格相等於同樣重量的黃金，可見中國絲綢之珍貴。此外，因交通便利，僧侶也紛紛到中國弘揚佛法。由於佛教的傳入，使中國的佛寺建築、佛像雕塑及佛教繪畫等大行其道。這期間，漢人與西域人接觸頻繁，中國的簡牘、法典等，也向西傳播。

班超展開的外交活動，取得了非凡的成就，促進了漢與西域各國政治、經濟和文化的交流與發展。

① 大秦：中國古代對羅馬帝國的稱呼。

法顯西行求經

想一想

1. 你知道「佛國記」的作者是誰嗎？
2. 爲甚麼法顯要西行取經呢？

三歲剃度，心儀佛理

法顯畫像

法顯，俗姓龔，東晉平陽郡武陽人，三歲剃度爲沙彌，二十歲受大戒。他從小就對佛學很感興趣，專心研讀佛教律典，以「志行明敏，儀軌整肅」著稱。

法顯在修行的過程中，發現當時流傳的佛教戒律和典籍，殘缺不全，佛教弟子無法可依，於是他矢志往印度取經。

從陸路往，由海道返

東晉安帝隆安三年（399 年），六十二歲的法顯與十幾位同道一起，從長安出發，過隴山，經張掖，至敦煌。法顯在敦煌停留月餘，然後進入西域，向鄯善進發，途經「流沙」①（今新疆境內白龍堆沙漠一帶）。且看法顯西行求經路途中艱險的一段：

> 沙風中多有惡鬼熱風，遇則皆死，無一全者。上無飛鳥，下無走獸；遍望極目，欲求渡處，則莫知所以，唯死人枯骨爲標識耳。

這是後來法顯在《佛國記》中的據實描述，可說是「使人聽此凋朱

① 流沙：亦稱「流沙河」或「沙河」，爲飽含水分的沙性土，呈粉沙和細沙狀態，在震動動力或水動壓力作用下發生的液化、流動的現象。

顏」[①]。但法顯一行「知難而進」，在流沙中行走17天，西渡沙河1500多里，終於抵達鄯善。在鄯善住一月，西行過于闐，越蔥嶺，途中歷盡千辛萬苦，期間同伴多客死異鄉。然而，法顯並沒有放棄自己的理想，繼續前進，終於到達北天竺[②]。

法顯西行求經

當時，北天竺對佛經只有口傳，沒有文字的記錄，於是法顯再向南行，到達中天竺。法顯在中天竺逗留三年，在那裏學習梵文和抄寫戒律。其後，法顯到達多摩梨帝國和獅子國，專事抄寫佛經和繪畫佛像。

爲了把戒律和典籍傳播到中國，法顯一人依附商人大船東歸，途遇狂風暴雨，飄流海上，幾經艱辛，於公元412年到達青州長廣郡牢山南岸（今山東青島），前後共十三年，歷經三十餘國。

「佛國」紀行，資料珍貴

法顯是史書記載的第一位到印度取經的中國僧人；回國後，他全力翻譯佛經，共6部63卷。法顯還把自己的取經歷程記錄下來，這就是《佛國記》，又名《法顯傳》或《歷遊天竺國記傳》。這本遊記雖然僅有9500餘字，卻精確簡明地述及中亞、南海和印度各地文化、地理、交通、風土等。其中，往返西域歷程及航海經驗，至今仍有寶貴的參考價值。

在中西交通史上，從陸路往天竺而沿海道回國，以法顯爲第一人，故唐代人稱譽他是「開闢荒途」者。法顯也是中國最早向外開拓往來南海之路的人，可說是今日華僑向海外發展的先驅。

法顯西行取經，對佛教東傳有著不可磨滅的貢獻；其堅忍不屈的精神，也激起日後僧侶西行求法的熱忱。

① 「使人聽此凋朱顏」：李白《蜀道難》的詩句。

② 天竺：印度的舊稱。

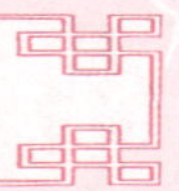

唐三藏西天取經

想一想

1. 你聽説過「唐三藏西天取經」的故事嗎?
2. 你知道古典小説《西遊記》與玄奘西行取經的關係嗎?

良馬爲伴

玄奘，俗姓陳，名褘，十三歲出家，是唐朝著名僧人；又號「三藏法師」，世稱唐僧。在追求佛學義理的過程中，玄奘深感漢譯佛經內容不夠準確，各大師説法不一，令人難以信服，於是決心到佛教發源地天竺，訪求名師，研習佛經。

唐太宗貞觀元年（627 年），玄奘隻身自長安出發，經河西走廊至沙州（今甘肅敦煌）。據説他在沙州寺廟門口，碰見一位老人，談起西行之事，老人説:「從這裏往西去的路非常險峻，不但有長達800多里的沙河阻隔，天氣更是變幻莫測，法師孤身一人，太危險了！」玄奘聞言後，毫不猶豫地回答説:「貧僧立誓西行，縱然路途艱辛危險，甚至生命不保，也絶不後悔。」老人對玄奘肅然起敬，決定將自己所騎的馬送給他，説道:「你千萬別小看這匹老馬，它曾經跟隨我往返戈壁沙漠十五次，很熟悉西行的路線，對你大有幫助。」玄奘拜受老人的心意，以堅定不移的精神，向著天竺進發。

玄奘從沙州進入西域，經天山北路，跨越葱嶺，穿過中亞而至印度。在幾萬里路的漫漫征途中，穿越常常顯示出夢幻般的海市蜃樓的荒漠，爬過風頭如刀的陡峭雪山，還不時遇到強盜攔路搶劫，受盡千辛萬苦，歷經二十多個國家。

揚名天竺

玄奘到達北印度後，再往中印度、東印度，在各國巡禮佛跡，研習梵文。後來，玄奘來到摩揭陀國的那爛陀寺，佛寺有從各方來求學的僧徒。當時，住持是百多歲的戒賢大師，他本已多年不宣法，見玄奘遠道而來，深受感動，便破例再傳授佛學。玄奘在摩揭陀國逗留了五年後，又繼續往印度東部、中部和西部，遍遊各地。玄奘後來重返那爛陀寺，受戒賢大師委託主持講學，並以梵文著作《會宗論三千頌》，得到眾僧侶的讚揚。當時，戒日王在曲女城舉行佛學大會，玄奘應邀爲主講人，其精闢議論令眾僧侶欽佩萬分。

玄奘講學

曲女城大會後，玄奘帶著657部佛經離開天竺，取道天山南路回國。

弘揚佛學

玄奘回國後，把西行所歷各國的歷史、風俗、宗教、地理位置等，由自己口述，弟子辯機筆錄，著成《大唐西域記》，共12卷，十餘萬言，是研究中外交通史及文化史的重要文獻。玄奘在印度時，足跡幾乎遍及全境。當時，印度有八十個國家，玄奘僅五國未到。《大唐西域記》對印度各國政教、地理等情況，記錄詳盡。因此，這本書也成爲今天研究印度古代史的重要資料。

玄奘西行取經，對溝通中印文化，起了極大的作用。歸國翌年，唐太宗命玄奘用梵文譯老子《道德經》，傳往印度。此外，又將印度當時已失傳的《大乘起信論》，根據中國譯本，還原譯爲梵文，保存了這部印度古籍。

玄奘面對重重險阻，從沒輕言放棄，結果成功取得佛教典籍，達成自己弘揚佛法的理想，創立唯識宗，對佛教在中國的發展，貢獻至爲重大。由於玄奘的傑出貢獻，因此民間廣泛流傳他的故事，如元代吳昌齡的《唐三藏西天取經》雜劇、明代吳承恩的《西遊記》小說等，都是從玄奘西行取經的故事發展而來的。

馬可・波羅遠道來華

想一想

1. 你知道馬可・波羅是哪一個國家的人嗎?
2.《馬可波羅行記》爲甚麼被譽爲「世界一大奇書」?

僑居中國十七年

馬可・波羅像

馬可・波羅(1254－1324年)出生於意大利水都威尼斯的一個富商家庭。公元1275年，他跨越歐亞大陸，踏足當時遠東最富庶的國家——中國。你知道爲甚麼他要千里迢迢來華嗎?

那是在公元1265年，一個蒙古使者遇見馬可・波羅的父親尼古拉(Nicolas)與叔父瑪飛(Matteo)，問道:「你們是歐洲人嗎?」二人回答:「對，没錯!」使者高興地説:「太好了!我們大汗没見過歐洲人，如果你們願意跟隨我一起回國，大汗一定會賞賜很多財寶給你們。」二人欣然答應使者的邀請，來到蒙古汗庭。果然，蒙古大汗忽必烈見到二人，雀躍萬分，不停詢問歐洲的風土人情。最後，忽必烈更要求二人回歐洲後，請羅馬教皇派人來華傳教。

二人告别了忽必烈，回到威尼斯。那時候，十五歲的馬可・波羅聽父親尼古拉説起中國的種種事物，感到很新奇，便央求他們帶他到中國。於是，1271年，他們三人便踏上征途，遠道來華，經過今天的伊拉克、伊朗、阿富汗，越過帕米爾高原，用了將近四年的時間，於1275年到達大都①，向忽必烈遞交了教皇的書信，贏得了忽必烈的器重與信任。從此，三人在中國僑居達十七年之久。

---

① 大都:即今北京。公元1271年,忽必烈正式建立元朝;翌年,改都城中都為大都。

盛讚中國美麗富庶

馬可·波羅既聰明又謙讓，並懂得多種語言，深得忽必烈的賞識，多次奉命出使各地。他曾經到過今天的山西、陝西、四川、雲南、山東、江蘇、福建等地，一度擔任揚州的地方官，還曾奉旨出使外國。

在馬可·波羅眼中，中國是一個美麗動人的國家，各地多采多姿的風土人情、豐盛物產和城市建築，令他畢生難忘。馬可·波羅出遊杭州後，説道：「這座城市莊嚴而秀麗，堪稱世界城市之冠。這裏名勝古跡非常多，使人們想像自己彷彿生活在天堂，所以有『天城』之名。」回憶蘇州時，馬可·波羅説道：「蘇州城漂亮得驚人。」

世界一大奇書

馬可·波羅不畏艱辛來到陌生的環境，克服言語障礙，積極學習中國的文化。他回到威尼斯後，因威尼斯與熱那亞這兩個意大利半島的強國發生了戰爭，馬可·波羅也參加戰爭，在一次作戰中被俘，囚禁於監獄中。他把在中國豐富的見聞一一細述出來，由魯思梯謙（Rusticello）筆錄成書，是爲引人入勝的《東方聞見錄》，又稱《寰宇記》，即舉世傳頌的《馬可·波羅行記》。這是最早較系統地向歐洲介紹中國的一部書，被譽爲「世界一大奇書」。14至15世紀歐洲的地理學家曾根據此書所提供的亞洲和中國的地理知識，繪畫出早期的世界地圖。

《馬可·波羅行記》既是一部遊記，也是一部有關中國歷史、地理、科技的實錄。書中不僅介紹了中國數十座名城，還把當時中國的先進科學技術，如天文曆法、橋樑建築、造紙、製鹽、用煤等作了介紹。馬可·波羅把一個有血有肉，同時帶有某些神秘色彩的東方文明古國呈現在歐洲人面前，爲促進中西文化的交流和發展，作出了不可磨滅的貢獻。

《馬可·波羅行記》書影

鄭和下西洋

1. 鄭和共出使西洋多少次?
2. 你認爲鄭和下西洋的最大成就是甚麼?

教事農耕

鄭和畫像

鄭和是明朝的太監，他在成祖至宣宗年間，共出使西洋七次，時間之長，規模之大，航線之遠，堪稱世界航海史上的一大壯舉。民間流傳了不少有關鄭和下西洋的事跡。

據説有一次，鄭和率領龐大的船隊來到滿剌加(馬六甲)，國王看見船上豐富的糧食，問道:「請問你們能不能把糧食賣給我們?」鄭和回答:「我們可以將部分糧食送給貴國。可是，你們人口眾多，總不能經常靠買糧食度日。其實，你們可以自己生產糧食，這樣就不用依賴別人了。」國王回應説:「但是我們只知捕魚爲生，不識耕種。」鄭和想了一會兒，説:「我看貴國土地肥沃，很適合種植農作物。我的將士大多是農民出身，就讓我們來教貴國百姓耕種吧!」鄭和親自教導滿剌加人民如何開墾荒地，種植稻米，爲當地農業的發展，作出了重大的貢獻。

遠航先驅

在15世紀初的28年間(1405–1433年)，鄭和先後七次率領龐大的船隊下西洋。所到的國家和地區達30多個，最南到達爪哇(今印尼)，最北到波斯灣和紅海的默加(今麥加)，最西到達非洲東岸的木骨都索(今索馬里)，比歐洲人到非洲要早大半個世紀。

鄭和下西洋路綫圖

鄭和下西洋的艦隊，規模巨大，如最後一次出使，隨行之水手、書記、醫生、通譯，共2萬7千餘人。每次下西洋，各類大小船舶60餘艘至100艘，其大者長約138米、寬約56米，可容1000餘人及大量物資，船上裝有羅盤、航海圖，是當時世界上最先進的遠洋航隊。

鄭和遠航是世界歷史上最早最長的跨洋航行，開闢了西太平洋與印度洋之間的航線。它打通了由中國橫渡印度洋、到達波斯灣、阿拉伯海、紅海以及非洲東南部的航路，爲後來歐洲人繞過好望角到達印度的航行開通了道路，堪稱世界遠航的先驅者。

中外交流

航海家鄭和的和平遠航，促進了中外經濟文化交流，增進了中國與亞洲、非洲各國的交往。每次下西洋，鄭和都以中國的絲、茶、漆、瓷等貨物，換回各國的寶石、珍珠、珊瑚、香料等奇珍異品。每當鄭和的船隊返航時，許多國家都派使者隨船來華向明朝進貢，大大加強了中國與世界各國的聯繫。

此外，鄭和下西洋，也使各地華僑的地位大爲提高。國人到南洋經商或居留者日益增多。到了明朝後期，呂宋的華僑有三四萬人，爪哇有兩三萬人。時至今日，南亞諸國還保存著有關鄭和下西洋的各種廟宇及遺跡，這表達了世世代代的華僑對鄭和這位航海先驅者的崇敬和懷念。

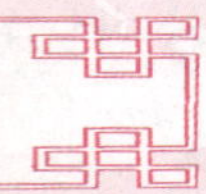

大運河貫通南北漕運

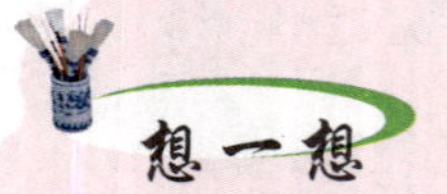

想一想

1．你認爲隋煬帝開鑿大運河有甚麽功過？

2．爲甚麽京杭大運河被稱爲「天下第一人工河」？

隋煬帝與大運河

唐代著名詩人皮日休有一首《汴河懷古》詩：

> 盡道隋亡爲此河，至今千里賴通波。
> 若無水殿龍舟事，共禹論功不較多。

意思是説：人們都將隋朝滅亡歸咎於大運河的開鑿，可時至今天，中國南北航運往來都要依賴它。如果隋煬帝當年没有三度乘龍舟到江南遊玩的荒唐事，也許把他跟治水的大禹來比較，功勞也差不多。

隋朝的時候，因應軍事與民生的需要，政府投入巨大的人力和物力開鑿運河，前後不間斷地施工近三十年，全長2500多公里。據説在開鑿大運河的六年時間裏，有數以百萬民工死亡。其後，隋煬帝又乘坐一艘如同水上宫殿的大龍舟，沿大運河三下江南，流連江都，花費極大。可是，大運河的建設，曾成爲中國南北漕運交通幹線，它促進了南北經濟、文化的交流，這功績是不可抹殺的。

天下第一人工河

中國人早在二千五百年前就學會了開鑿運河。春秋時代，吴王夫差爲了方便運輸兵糧，逐鹿中原，便在長江和淮河之間開鑿一條河道，稱爲邗溝，成爲後來南北大運河的一段。隋代和元朝，先後進行了兩次大規模的建設，進一步奠定了今天京杭大運河的面貌。隋朝的大運河，以洛陽爲中心，東北到涿郡(今北京)，東南至餘杭(今杭州)，分爲永濟渠、通濟渠、邗溝與江南河四段。元朝初年，開鑿了從山東東平到臨清的會通河，連接了原有的運河；繼而開鑿了從通州到大都(今北京)的通惠河，使漕運可以直達大都城內。從此，過去經由河南地區的漕運改作經由山東，運河的方向由縱橫向轉爲南北向，運河的中心由洛陽轉到大都。

京杭大運河，全長1747公里，宛如一條人間「銀河」，貫通了南北的水上交通網絡，是世界上開鑿最早、工程最大、路線最長的人工河。大運河北起北京，南達杭州，流經河北、山東、安徽、江蘇及浙江等廣大地區，溝通了海河、黃河、淮河、長江和錢塘江五大水系，是古代中國唯一一條南北交通大動脈。

惠及百姓

大運河貫通了南北漕運，惠及百姓。清代時，大運河的漕運量已達上千萬石，僅是從水路運出的糧食，最高年份就達580萬石之巨。網絡完善的大運河，促進了運河沿岸各區域農業、工業和商業的發展。因此，大運河流經之處或興起了許多新的工商業城市，或促進了原有的工商業市鎮的繁榮，如天津、濟寧、徐州、淮陰、揚州、鎮江、常州、無錫、蘇州、嘉興、杭州等。在每一座城市裏，都或多或少地留下了大運河的歷史記憶。例如揚州，古稱江都。隋煬帝在開鑿大運河時，也下令在江都修建行宮。行宮內有五大建築，行宮外有十大宮殿，極盡奢華。

大運河見證了中國古代交通的發展，對經濟、文化作出了不容忽視的貢獻。今天，大運河仍然擔當著重要的角色。由於中國南北地形和氣候不同，致使南方雨水充足，有時候更泛濫成災；而北方則少雨乾旱，嚴重缺水。爲了改善這個現象，政府便實行「南水北調工程」，而大運河的河道是其中一條調水主線，極爲重要。

大運河今貌

單元八

科學技術

發明家張衡

1.你知道「地動儀」與「渾天儀」的作用嗎？
2.你知道中國古代有哪些科學家嗎？

發明地動儀

地動儀復原模型

張衡（78－139年），東漢南陽郡（今河南省）人，我國古代傑出的科學家，他發明了世界上最早測定地震的「地動儀」。

東漢時期，地震頻繁，對百姓的生命財產造成極大的威脅。張衡立志要研製一部能預測地震的儀器，以減少傷亡和損失。經過多年的嘗試和改良，公元132年，他終於成功研製了「地動儀」。張衡向官員介紹：「這個形象像酒樽的儀器，叫做『地動儀』，它可以測報地震。儀器外面八條含著銅球的龍，各指向八個不同的方向，下面分坐八隻向上張著嘴的蟾蜍。哪一個地方發生地震，該個方向的龍便會吐出銅球，掉入蟾蜍口中，並發出聲響。這樣，我們就可以知道哪個方向發生地震了。」當時很多人都提出質疑，説：「它真能測得出地震嗎？」

公元138年的某一天，地動儀向著西北面的龍嘴裏，突然噹啷一聲，吐出了銅球。張衡説：「西北方發生地震呀！」但是，京城的人們一點也感覺不到震動，有人説：「地動儀失靈了。」不料幾天後，有官員來報告，説京城以西一千里外的地方發生地震；一查日期，地震時間正好和地動儀銅球吐出的時間完全一致。這時大家才讚歎地動儀的神奇功能。而歐洲要在張衡發明地動儀一千七百多年後才出現地震儀。

創製渾天儀

張衡從小就勤奮好學，對天空的奧秘很感興趣，常常問道：「天和地是甚麼模樣的？日月星辰又是怎樣運行的？」經過多年的研究，張衡贊同古人提出的渾天學説，同意「天是圓的，像一個雞蛋殼，地像雞蛋黃，日月星辰都附在雞蛋殼下不停地轉動。」他還根據渾天説，創製了世界上最早利用水力轉動的「渾天儀」，是測量天體的球面座標儀器。

渾天儀是一個用銅鑄造的空心圓，裏面有幾層可以轉動的銅圈，上面刻上黃道、赤道、南極、北極、二十四節氣和其他一些星座、天體等。渾天儀用漏壺滴出的水發動齒輪，儀器轉動一週剛好是一晝夜。張衡指出運用渾天儀能觀察天象，但是人們不大相信。於是，張衡便進行了測試。他坐在房子裏觀察自動運轉的渾天儀，然後向室外的人説出：哪顆星昇起，哪顆星落下。人們發現渾天儀顯示的天象竟與屋外觀測到的天象完全符合，驚歎萬分。

1977 年，國際天文學組織爲表彰張衡在天文學上的貢獻，把太陽系中一顆小行星命名爲「張衡星」。

智慧超凡，情操高尚

由於張衡不巴結權貴，又抨擊迷信風氣，導致仕途上障礙重重。那時候，有不少人批評他的科學研究工作是不務正業，虛耗光陰。爲此，張衡寫了一篇文章，題爲《應間》，文中説道：「君子不患位之不尊，而患德之不崇；不耻祿之不夥[①]，而恥智之不博。」意思是説，君子不憂慮地位尊貴與否，只擔憂德行不高尚；君子不爲俸祿不多而感到羞愧，應該感到羞恥的是知識不夠淵博。這句話充分表現了張衡的高尚品格。

張衡智慧超凡，在天文學、地震學和機械製造等方面都取得了重大的成就，影響至爲深遠。他那種孜孜不倦、不屈不撓的鑽研精神，深爲後人景仰。有時候，當我們定下學習的目標，途中會遇上種種的阻礙和引誘，怎樣才可以堅持自己的理想呢？這時候，古人鍥而不捨的奮鬥精神正可以給我們啓示和鼓舞。

① 祿之不夥：祿，古代官吏的俸給；夥，是多的意思。祿之不夥，意即俸祿不多。

「外科始祖」華佗

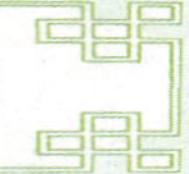

想一想

1. 爲甚麼關羽接受刮骨治療時能忍受痛楚呢？
2. 你知道華佗是世界上最早發明外科麻醉藥的名醫嗎？

爲關羽刮骨療傷

華佗(145–208 年)是東漢後期著名的醫生，在中華醫學史上被尊稱爲「外科始祖」。

華佗的行醫生涯中，最膾炙人口的是他爲關羽刮骨療傷一事。東漢末年，有一次，關羽與曹操的軍隊交戰，右臂中了敵軍的毒箭，痛得厲害。他爲了安定軍心，忍痛和馬良下棋來分散注意力。華佗聽聞關羽受傷了，特來醫治。他仔細檢查傷口，説道：「毒箭已經穿入骨頭，如果不盡快醫治，恐怕右臂會殘廢。」關羽問：「那該怎麽辦？」華佗回答：「唯一的方法是用刀割開皮肉，刮去骨上的箭毒，敷上藥膏，以線縫合。只是，手術過程會很痛。」關羽笑説：「我連死都不怕，還會怕痛嗎？請按照你的方法醫治吧！」於是，華佗拿起一把尖刀，割開皮肉，關羽仍然談笑自若地下棋。不久，華佗把箭毒全部刮走，並把傷口縫合，關羽的箭傷亦因而得以痊癒。

這個故事本意是讚揚關羽的英雄氣概，但從中也可以看出華佗卓越的外科醫術。

華佗爲關羽刮骨療傷的情景

研製「麻沸散」

華佗生於戰事頻繁的時代，生靈塗炭，他立志要成爲一個名醫，爲百姓醫治病痛。有一次，一個在戰亂中受了傷的平民求診，華佗說:「我要把你身上受傷的部分剖開才可以治療。」病人聽後非常害怕，拒絕醫治。華佗想:「怎樣才能使病人在開刀時，感覺不到疼痛呢？」後來華佗發現曼陀羅花、烏頭等中藥有麻醉的作用，於是研製成「麻沸散」。每次施行外科手術之前，先讓病人服用，以減輕痛楚。華佗研製「麻沸散」的配方，不僅在中國醫學史上是空前的，而比西方麻醉藥的發明也早了一千多年，可惜未能流傳下來。

被曹操殺害

華佗不僅醫術高明，人格也很高尚，淡泊名利，不畏權勢。據說曹操常鬧偏頭疼，多方求醫診治，都不見效用。後來，曹操召見華佗，說:「你是名醫，一定有辦法治好我的病。」於是，華佗用針在曹操的頭部扎了幾針，曹操的頭便不痛了。曹操高興地說:「以後，你就做我的私人醫生吧！」華佗回答:「對不起，我不可以答應。我學醫的目的，是要救治病人，爲貧苦大眾服務。」曹操不理會華佗的請求。過了一段日子，華佗藉口妻子生重病，告假回鄉。後來，曹操得知華佗說謊，下令把他關進大牢。華佗自知難逃被處死的命運，就把自己行醫的經驗和各種治療方法整理成書，委託獄卒保管，可是獄吏害怕受到牽連，不敢接受。華佗感到很失望，最後把書燒燬了。

華佗畫像

華佗因爲不肯只爲曹操一人治病而被殺害，他的高明醫術也因此失傳了；但他那種爲百姓服務而不貪圖名利的品格，以及對醫術精益求精的精神，千百年來，一直受到人們的頌揚，而「再世華佗」也成爲具有「仁心仁術」的名醫的代稱。

數學家祖沖之

想一想

1. 你知道甚麼叫「祖率」嗎?
2. 如果你發現老師的錯誤，你會怎樣做呢?

精密的「祖率」

祖沖之(429–500年)是南北朝時期偉大的數學家。他在數學上最突出的貢獻，亦即最爲世人所讚揚的，是在世界上第一個把圓周率(π)計算到小數之後的七位數。

祖沖之畫像

三國時魏國的著名數學家劉徽開創了圓面積的科學計算方法「割圓術」，得出圓周率是3.14。祖沖之認爲這個數值還不夠精確。他對兒子祖暅說:「暅兒，我們一起來計算更準確的圓周率，好不好?」祖暅欣然答應。於是，父子二人先在地上畫了一個直徑一丈的大圓，然後將圓割成6等份，内接一個正6邊形，開始計算；然後依次接上正12邊形、24邊形、48邊形……經過不斷的努力，祖沖之終於算出了圓周率的數值介於3.1415926與3.1415927之間，並用兩個分數值來表示:

$$\pi = \frac{335}{111}\text{（密率）}$$

$$\pi = \frac{22}{7}\text{（約率）}$$

祖沖之將圓周率的計算推進到了小數點後的七位數，當時在世界上是獨一無二的，直至一千多年後，才有德國和荷蘭數學家計算出「密率」。因此，日本數學史家三上義夫提議將圓周率命名爲「祖率」，並得到世界的公認。

博學多才，成就輝煌

祖沖之在南北朝時期是個罕見的人才，除數學外，他在天文曆法、《易經》研究，以至機械製造等各方面都取得輝煌的成就。

小時候，祖沖之對外界事物就充滿好奇心，他求知慾很強，喜歡閱讀各種典籍，豐富自己的學識。他運用自己的知識和想像力，製作和改良了不少機械，如指南車、水碓磨、計時器具「漏壺」等。他又編制了《大明曆》，規定一回歸年長度爲365.2428日，與現代測定的數值相比，只差50秒，數據非常準確。

大膽懷疑，小心求證

祖沖之能夠成爲一位出色的科學家，其主要原因是他從不迷信古人，從不迷信權威，敢於大膽提出質疑，並小心加以驗證。

據説祖沖之曾經跟隨天文學家何承天學習觀察天象的方法。何承天製訂了一部新曆法叫《元嘉曆》，流通天下。祖沖之經過長期的觀察和研究，發現這部新曆法存在不少差錯，於是他便提出一種新的曆法。有人勸阻説：「何老師是你的恩師，他七十歲才編製《元嘉曆》，真是不容易呀！今天，你才三十多歲，就想爬到何老師頭上去嗎？你不要輕舉妄動，惹人笑話。」祖沖之回答：「你們這個想法是不對的。何老師刻苦鑽研和敢於創新，他的《元嘉曆》比古代的曆法精密很多，成就是不可磨滅的。我從未想過要超越何老師的成就，但是我也不能只抱著《元嘉曆》而不再前進。」最後，祖沖之還是將自己編寫的《大明曆》上呈朝廷。

對於前人的學説，祖沖之一定要經過自己的分析、思考和驗證，絕不盲目迷信。同樣，如果我們想在學業上追求突破和進步，也要學習這種精益求精的精神。

科學家沈括

想一想

1. 你知道《夢溪筆談》是一部關於哪方面的著作嗎？
2. 要成爲一個出色的科學家，必須具備甚麼條件？

「隙積數」的奧妙

沈括（1031–1095年）是北宋傑出的科學家，也是中國古代一位「百科全書式」的科學家。他博學多才，對天文、地理、數學、律曆、物理、化學以及機械製作等方面都有研究，碩果累累。他一生著述頗豐，見諸史書記載的就有22種，而《夢溪筆談》是其中的佼佼者。

據説有一天，沈括看見一家酒店堆放著一垛酒壜，最上面一層有4 × 8個，第二層爲5 × 9個……依此類推，共有七層。酒店掌櫃看見沈括，説：「客官，請問想吃甚麼呢？」沈括没有回答，只是很專心注視著那堆酒壜。掌櫃又問道：「客官，請先坐下吧！」只見沈括唸唸有詞，不知在説些甚麼。掌櫃説：「客官，我聽不清楚你説甚麼。」沈括回答説：「掌櫃，這裏是不是有567個酒壜呢？」掌櫃很驚訝，説：「對！你怎麼數得這麼快？」沈括答道：「我只計算當中一層是7 × 11=77個酒壜，然後把這個數字乘以7（層數），再加上一個常數28，就得出總數567個了。」掌櫃問道：「這是甚麼計算方法呢？」沈括説：「因爲這一垛酒壜有虛隙，我稱它爲『隙積數』。」

珍貴的《夢溪筆談》

沈括的科學著作《夢溪筆談》，用筆記體裁寫成，在科學史上佔有重要的地位。全書內容博大精深，詳細記載和總結了中國古代，特別是北宋時期科學發展和生產技術的成就，也包括他自己在科學上

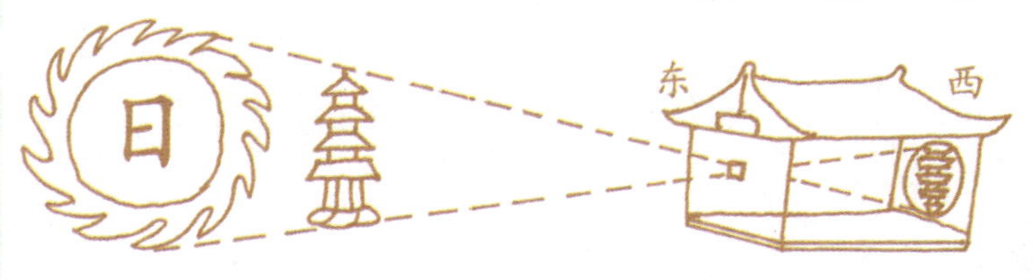

「塔影倒垂」光路圖

的創見。

當時，民間有一種以訛傳訛的説法，即認爲塔影倒立是因爲大海翻騰的緣故。沈括對光線直線傳播和凹面鏡成像進行觀察，並利用鳶兒飛動和影子移動的實驗給予形象化的解釋。他在《夢溪筆談》中引例糾正，指出鷹在空中飛翔，它的影子隨鷹而移動，如果在鷹與影子之間有一小窗孔，那麼光線穿過小孔時，影子的移動與鷹的飛行方向相反。寺塔通過窗孔的影子，是倒立的，其道理與此相同。這樣的光學原理，經過他深入淺出的説明，讓人很容易就明白了。

《夢溪筆談》的科學珍價，千百年來，備受中外學者的重視，並給予高度評價，譽之爲中國科學史上的里程碑。

知人善用

沈括能夠成爲一個科學通才，原因之一是他能知人善任，欣賞別人的優點。據《夢溪筆談》記載，他曾經出任提舉司天監，管理天文災異的觀察預測和編輯曆書等事務。那時候，有一個平民名叫衛樸，精於曆算。沈括很欣賞衛樸的才華，決定委任他爲曆官，卻惹來議論紛紛，有人説：「衛樸只是一介平民，怎能委以重任呢？」沈括主意已定，不爲阻攔。

事實證明，沈括破格任用衛樸是極有遠見的。衛樸以其獨特的才幹，與沈括一起測算出北極星的準確位置，還編製了配合農事安排的曆書《十二氣曆》，並改革舊式天文觀測器，把中國古代的天文觀察和研究推向更高的水平。

「天生我才必有用」，每個人都有自己的長處。沈括知人善用的故事告訴我們：一個人不僅要發掘自己的長處，還要學會欣賞別人的優點。

「藥王」李時珍

1. 你知道《本草綱目》是一本甚麼書嗎？
2. 如果在學習上遇到不明白的事情，你會怎樣做？

立下宏願，矢志不移

李時珍(1518－1593年)，出身於世代行醫的家庭，是明代傑出的醫學家，被尊爲「藥王」。

李時珍畫像

李時珍從小就立下懸壺濟世的宏願，在父親的教授下，二十歲後便開始獨立行醫。在行醫過程中，李時珍漸漸發現，古代的一些「本草」藥書，記載的草藥謬誤甚多。有一次，一個病人服用李時珍所開的藥方後，病情突然惡化。李時珍百思不得其解，喃喃自語道：「哪裏出的錯呢？」後來，他發現藥書《日華子本草》的記載有錯誤，書中稱一種草藥名叫「漏籃子」，又名「虎掌」。可是，根據李時珍的考究，「漏籃子」是草藥，而「虎掌」則是毒藥。他在藥方中開了「漏籃子」，但藥鋪卻配了「虎掌」，所以病人服用後，身中劇毒，差點喪命。

李時珍決意自己撰寫一部比較全面的醫書，讓從事醫學工作的人更清楚認識藥物和藥理。父親知道後，極力反對說：「這是一項艱巨的工作，你要花費大量的人力、物力和時間重新查證，憑你一個人的力量是無法完成的。」李時珍卻矢志不移，開始漫長的編寫工作。

「醫學巨典」、「百科全書」

《本草綱目》書影

李時珍一面行醫，一面整理醫書，整整花了二十七年時間才完成《本草綱目》的初稿。其後數年間，他又作出三次修改和重編，至公元1569年才正式刊印，前後共用了40多年。《本草綱目》全書共52卷，190多萬字，收錄動物、植物和礦物等中藥1892種，繪圖1160幅，醫方11096個。

《本草綱目》按自然屬性分類，共分16部，依次是水、火、土、金石、草、穀、菜、果、木、服器、蟲、鱗、介、禽、獸、人等。在編排上，依次爲礦物、植物、動物、人，反映自然界由無機物到有機物，由低級到高級的發展過程，井然有序。

《本草綱目》傳到日本、朝鮮、越南，更遠至歐洲，先後被譯成日、法、德、英、俄、拉丁等多種文字，共有六十多種版本，成爲醫學研究的重要參考資料，世人譽之爲「東方醫學巨典」。19世紀著名的英國生物學家、進化論的創立者達爾文，更稱它爲「中國的百科全書」。

大膽懷疑，小心求證

李時珍在編寫《本草綱目》的過程中，如果對書本上的記載有所懷疑，便會進行實地考察，小心求證。他的足跡遍及湖北、湖南、廣東、福建、江西、山西等地。有時候，爲了準確知道藥物的功用，他會不惜冒生命危險去採摘草藥。

李時珍這種尋根究柢、敢於嘗試的精神很值得我們學習。我們在追求學問的過程中，也要抱著大膽懷疑、辨僞求真的態度，不可盲從附和，而應實事求是。

中醫獨特診治術

想一想

1.爲甚麼中醫看病時，會用手指按在病人的手腕上把脈？
2.如果生病了，你會選擇看中醫還是西醫呢？爲甚麼？

神醫扁鵲

扁鵲畫像

診脈法是中醫診斷學上的一大創造。春秋時期，齊國名醫扁鵲（前407－前310年）爲虢國太子診脈治療，被認爲是有文字記載診脈法的最早醫例。

有一次，扁鵲路過虢國，聽説太子得急病死了。扁鵲和他的學生趕往宮中，向太子的侍從官説：「我是醫生，太子也許還有救。」侍從官斥喝道：「别胡説八道，太子已經死了五個多時辰。」扁鵲説：「請你們讓我診脈，就知道答案了。」於是，扁鵲以食指、中指、無名指指端按在公子的手腕上，得知脈搏仍在跳動，扁鵲立刻向公子施行針刺和熱敷，太子很快便甦醒過來；又過一會兒，太子竟慢慢地坐起來了。當時人們都稱扁鵲爲「神醫」，讚揚他有「起死回生」之術。

針灸療法

扁鵲診脈後，利用針灸治療虢國太子的疾病。針灸法，是針法和灸法治療的合稱。在人體表面不同的穴位深深淺淺地安插醫針治病是針法治療，用艾絨等灸灼不同的穴位來治病是灸法治療。

人體上有不同的穴位，其中有一個名叫「阿是穴」，它的由來是非常有趣的。

傳説唐朝時，一位患腳痛的病人向名醫孫思邈[①]求醫。孫思邈取出金針，給病人扎了止痛針，但是卻無法給病人止痛。孫思邈心想：「除了原有的365個穴位外，是不是還有新的穴位呢？」於是，他用拇指在病人大腿上輕輕地按掐，並不停地問：「是不是這兒疼痛？」病人一直搖頭。終於，在按到某一處穴位時，病人連忙點頭，説：「阿……是，是這裏。」孫思邈便將針扎下治療。病人問道：「這叫甚麼穴位？」孫思邈回答：「這是一個新的穴位，就叫做『阿是穴』吧。」其實，「阿是穴」就是疼痛點所在的穴位。痛點在哪，就在那裏針灸，可以去除疼痛。

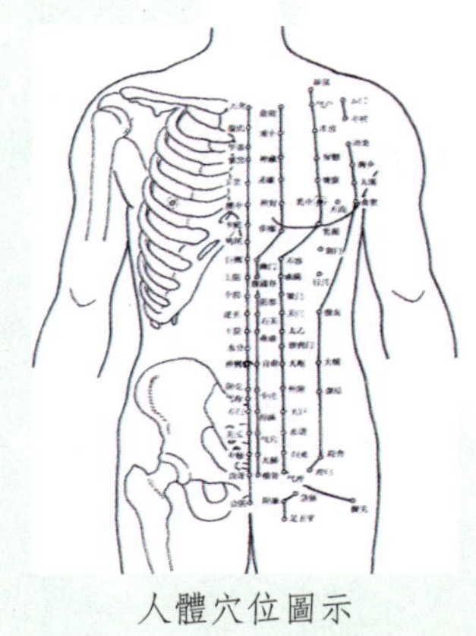
人體穴位圖示

中國魔針

診脈法和針灸法在中醫史上佔有重要的地位，是中國獨特的診治技術。中醫看病時，會用手指按在病人的手腕上把脈，感覺脈搏的跳動。成年人的脈搏一般每分鐘跳動71次左右，60至100次都屬正常範圍。激素、藥物、發燒、運動和情緒不穩都會使脈搏的跳動頻率改變，例如跑步或生病時脈搏的跳動會加快。因此，脈搏可以反映人的健康情況。中醫認爲左手脈象與心、肝、腎相應，右手脈象與肺、脾、命門相應。醫師會根據病人的脈象找出病源醫治。

中國的針灸療法在國外被稱爲「中國魔針」，它能增強患者抵抗能力，讓人體有自癒能力，或舒緩病情，減少痛楚。針刺的治病法對坐骨神經痛、腰痛之類的症狀療效顯著。中醫的針灸法有其獨特之處，從中顯示了古人卓越的醫學智慧。

---

① 孫思邈（581 - 682年），隋唐之際著名醫學家。他總結唐代以前的臨牀經驗和醫學理論，蒐集藥方、針灸等內容，著《千金要方》、《千金翼方》。重視婦科、兒科疾病；創立疾病分科。對預防、養生、食療、針灸及藥物學等均有卓越貢獻。

天文曆法精進

想一想

1. 你知道一年有多少天嗎？
2. 中國古代社會採用哪一種曆法？爲甚麼「農曆」原稱「夏曆」？

精確的《授時曆》

郭守敬畫像

曆法是爲了配合人們日常生活的需要，根據天象運行而制定的計算時間的方法。古時候，每逢改朝換代，都會重新頒布曆法，表示「與民更始」。及至元代，我國曆法發展至新階段，代表古代曆法最高水準的就是郭守敬①創制的《授時曆》。

元世祖忽必烈改蒙古汗國爲元朝後，任命了精通天文的郭守敬負責編制新曆法。有人問他：「請問如何才能制定一部好曆法呢？」郭守敬回答道：「我們必須基於實際測量的基礎，而要進行觀測，就必須有先進的儀器才行。所以，我們必須儘快設計和製造新的儀器。」郭守敬簡化了中國傳統的觀測儀器，在全國設立27處天文觀測站，進行了一次全面的測試和計算工作，終於在公元1280年，成功編制了一部新曆法——《授時曆》，並頒行全國。

《授時曆》是中國古代最完備、最嚴密的曆法，兼採各種曆法的長處，遵照理論與實踐相結合的科學態度編制而成的。它精確地算出一回歸年的時間長度爲365.2425天，與現今世界通行的公曆——《格列高利曆》的週期相同，但卻比它早了300年。從元

① 郭守敬(1231 － 1316)，又名若思，元代的天文學家、數學家、水利專家與機械製造家。

代到清初的300多年中，所運用的曆法實際上都是根據《授時曆》，只是曆法的名稱有所改變而已。

三種曆法

年、月、日構成了曆法的三個基本要素。幾千年來，中外各國發明了不同種類的曆法。其中，陽曆、陰曆和陰陽曆是最重要的三種。

陽曆，是以地球公轉太陽一週(即一回歸年的時間長度)計算的，即太陽從春分點運行到下一年的春分點所歷時間爲一年，亦稱爲公曆、太陽曆和新曆。每年分12個月，一年的實際時間爲365.24219天，有7個31天的月，4個30天的月，一個28天的月。此外，每四年有一個閏月。今天，許多國家都採用這種曆法。

陰曆，以月球環繞地球一週的時間爲月(即以月相圓缺變化爲週期)，又稱爲太陰曆。現在使用陰曆的國家已經不多了，只有少數阿拉伯人使用的「伊斯蘭曆」是按照陰曆方法編制的。

陰陽曆，是綜合陰曆、陽曆兩種曆法而制定的曆法。它不僅考慮月亮的圓缺變化，亦考慮到太陽的週年運轉。中國歷代所推行的曆法，大都爲陰陽曆。

農曆閏月的安排

陰陽曆始創於夏朝，故稱「夏曆」。後來，農民依據陰陽曆進行農業生產活動，因此又稱爲「農曆」。每年有6個30天的月，6個29天的月，一年共有354日，與一年的長度365日差11天。那麼，每三年就會相差33天，五年就會差55天，計算變得不準確了。於是，有人提議，可以每五年加兩個閏月；而反對的人則認爲五年加兩個閏月太多。天文學家經過仔細的考慮和計算，確定在19年中加上7個閏月就能解決差距的問題。19年有228個月，加上7個閏月是235個月，而235個月合計是6939.55日，與19個回歸年的日數6939.75只差0.2天，也就是差不到5個小時。

時至今天，農曆曆法在中國社會仍被廣泛使用；請看我們的月曆表，一般都是陽曆和農曆同時並存，是爲明證。

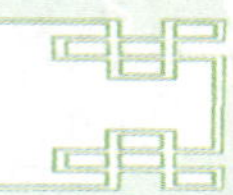

中國古代「四大發明」

想一想

1. 你能說出中國古代「四大發明」的名稱嗎?
2. 「四大發明」對人類文明的發展有甚麼深遠影響?

造紙術、印刷術、指南針與火藥，合稱爲中國古代「四大發明」。

古時的紙

活字版

指南針

火藥

造紙術

相傳紙是由東漢時宦官蔡倫發明的。蔡倫在日常生活中注意到一個問題:人們書寫的材料中，竹簡木片太笨重了，而絲帛又太昂貴了。他決心要革新造紙原料和技術。有工匠建議:「麻的纖維很適用，破布和舊魚網都是麻織成的，很容易找到。」蔡倫補充説:「我們也可以用樹皮造紙。」他們首先切碎樹皮、麻繩、破布等材料，放在水中浸成漿狀物，然後把它放在細竹簾子上攤成薄片；風乾後，留在細竹簾子上的薄片纖維就成爲紙。這種紙潔白、細膩，寫起字來又便捷又好看，很受讀書人歡迎。因蔡倫受封爲龍亭侯，故人們稱這種紙爲「蔡侯紙」。

後來，中國的造紙技術傳到越南、朝鮮、日本、阿拉伯以至歐洲，對人類文化的傳播起了很大的推動作用。

印刷術

印刷術是中國的另一項偉大發明。中國人相繼發明了雕版印刷和活字印刷兩種技術。所謂雕版印刷，就是把稿本抄寫在半透明的紙上，再把紙反過來貼在比較堅實的木板上，雕刻出凸起的反字，這雕刻而成的木板就成了「雕版」。接著把墨塗在它的線條上，然後鋪上紙，便可以印出白底黑字的印刷品來了。不過，雕刻一套書版，往往要花上幾年時間，而且需要大量木材。

北宋中葉，善於動腦筋的畢昇發明了活字印刷。他用膠泥刻成單字，用火燒硬，造成字粒。排版時，把這些字粒按照一定的次序排在平面鐵板之上，再用平板一壓，冷卻後，活字黏牢了，便可以進行印刷。書印好後，再將活字放回原來的木格裏，還可以再用。這比雕版印刷方便快捷，可大大節約人力和物力。

印刷術對人類文明發展作出巨大的貢獻，曾被一些西方學者譽爲「世界文明之母」。

指南針

指南針也是中國古代四大發明之一。

指南針是一種利用磁鐵在地球磁場中的南北指極性而製成的指向器。相傳黃帝發明指南車，指南車上裝有一個木人，無論車子轉到哪個方向，木人的手指永遠朝向南方。這可說是中國人最早使用的方向儀。戰國時代，出現了利用磁石製成的司南。司南意即「指南」。及至宋代，人們運用司南的原理，先是製成了指南魚，用一塊魚形的磁性鐵片，放在水中，讓它自由浮動，靜止時，魚頭便會朝向南方；繼而出現了今天我們所說的指南針，其製造方法是用細小尖狀物支撐人造磁針。指南針有多方面的用途，尤其是應用於航海定方位，成爲了全天候的導航儀器。南宋時，開始把磁針與分方位的製置合成一個整體，是爲羅盤。宋代以後，由於海船使用羅盤導航，航線因而得以大大拓展。

火藥

火藥是中國古代另一項重要的發明。它是東漢時道士在煉丹過程中偶然發現的。隋唐之際，藥物學家、煉丹家孫思邈在煉丹過程中漸漸發展至以硝、硫、碳合成的黑火藥。宋元時期，火藥大量應用於軍事方面，出現了各式各樣的火藥武器，如火炮、火箭、突火鎗等。13 世紀後期，歐洲人從阿拉伯文的書籍中獲得了中國的火藥知識，這對歐洲日後的軍事發展影響很大。

「四大發明」反映了中華民族的創造智慧，是中國人的驕傲，對推動世界文明的進展居功至偉。

附錄
初中中國語文科
中華文化學習大綱

初中中國語文科

中華文化學習大綱

本大綱參照香港初中「中國語文科課程綱要」及有關文獻，初步訂定24個範疇，所選知識點以學生爲本，以適切性爲原則，深淺度力求符合初中的程度。表列如下：

單元名稱			
1. 神話故事	2. 民間傳説	3. 社會習俗	4. 傳統節日
5. 河山風貌	6. 名勝古蹟	7. 禮儀情操	8. 工藝服飾
9. 飲食文化	10. 康樂文娛	11. 文學作家	12. 名篇佳作
13. 倫理道德	14. 經濟貿易	15. 交通傳訊	16. 科學技術
17. 藝術欣賞	18. 人文教化	19. 語言文字	20. 修辭語彙
21. 治亂興衰	22. 歷史人物	23. 學術思想	24. 宗教人生

「文學作家」與「名篇佳作」本爲一單元，「治亂興衰」與「歷史人物」亦本爲一單元；考慮到文化篇章的整體結構，故一分爲二。

一、神話故事

(一) 中國神話的特色

(二) 著名的神話

1. 盤古開天闢地
2. 女媧補天
3. 天狗吃月
4. 后羿射日
5. 龍的傳說
6. 精衛填海
7. 月下老人
8. 壽星彭祖
9. 八仙過海
10. 孫悟空大鬧天宮

(三) 古代中國人的想像力

二、民間傳說

(一) 民間傳說的特色

(二) 著名的傳說

1. 孟姜女哭長城
2. 昭君出塞
3. 桃園三結義
4. 木蘭從軍
5. 梁祝化蝶
6. 白蛇傳
7. 包公斷案
8. 楊家將
9. 濟公活佛
10. 天后媽祖

(三) 民間傳說的文化寓意

三、社會習俗

(一) 社會習俗的特色

(二) 重要的時令

1. 二十四節氣
2. 天干地支
3. 十二時辰
4. 十二生肖

(三) 重要的習俗

1. 姓、氏、名、字、號
2. 祭祀與民間信仰
3. 避諱與吉祥觀念
4. 陰陽五行
5. 農耕儀式

(四) 少數民族的風俗習慣

(五) 文化思考：習俗與民族文化

四、傳統節日

(一) 傳統節日的特色

(二) 重要的傳統節日

1. 春節
2. 元宵
3. 清明
4. 端午
5. 七夕

6. 中秋

7. 重陽

8. 冬至

(三) 文化思考：節日與民族文化

五、河山風貌

(一) 河山風貌的人文特色

(二) 河山風貌

1. 黃河

2. 長江

3. 珠江

4. 五岳

5. 黃山

6. 廬山

7. 大明湖

8. 西湖

9. 太湖

10. 桂林山水

(三) 欣賞河山風貌的文化內涵

六、名勝古蹟

(一) 名勝古蹟的人文特色

(二) 名勝古蹟

1. 孔廟

2. 長城

3. 秦陵兵馬俑

4. 明十三陵

5. 岳陽樓、滕王閣、黃鶴樓

6. 故宮

7. 天壇

8. 中山陵

(三) 七大古都

(四) 歷史文化名城

(五) 欣賞名勝古蹟的文化內涵

七、禮儀情操

(一) 中華禮儀的文化特色

(二) 重要的禮儀

1. 五禮

2. 古代的婚姻

3. 古代的喪葬

4. 見面禮儀

5. 交談禮儀

6. 公共場所禮儀

7. 家庭禮儀

8. 稱謂、謙稱及尊稱

(三) 文化思考：禮儀和品德情意

八、工藝服飾

(一) 工藝服飾的民族特色

(二) 傳統工藝

1. 青銅文化
2. 陶瓷文化
3. 印刻文化
4. 石雕文化
5. 泥塑文化

(三) 著名工藝品

1. 玉璽
2. 和氏璧
3. 唐三彩
4. 景德鎮瓷器
5. 景泰藍
6. 石灣陶塑
7. 蘇繡
8. 剪紙藝術
9. 桃花塢年畫
10. 銅車馬

(四) 服飾

1. 龍袍、鳳冠
2. 唐裝、中山裝
3. 長袍、馬褂
4. 旗袍
5. 簪、釵、玉佩

(五) 少數民族服飾

(六) 欣賞工藝、服飾的民族文化特色

九、飲食文化

(一) 漢族和少數民族飲食的文化特色

(二) 飲食禮儀及器具

(三) 特色名菜

(四) 茶文化

1. 茶藝
2. 「茶聖」
3. 中國名茶

(五) 酒文化

1. 「酒聖」
2. 中國名酒

(六) 文化思考：飲食和民族文化

十、康樂文娛

(一) 傳統康樂文娛的特色

(二) 戲劇

1. 京劇
2. 崑劇
3. 粵劇
4. 梨園戲
5. 木偶戲
6. 皮影戲

(三) 遊藝競技

(四) 古今康樂文娛的變遷

十一、文學作家

(一) 中國文人的特質

(二) 傑出的文學家

1. 曹植
2. 陶淵明
3. 李白
4. 杜甫
5. 白居易
6. 韓愈
7. 李煜
8. 歐陽修
9. 蘇軾
10. 辛棄疾

(三) 文化思考：文人和文化

十二、名篇佳作

(一) 中國文學的特質

(二) 重要的作品

1. 屈原和《離騷》
2. 司馬遷和《史記》
3. 關漢卿和《竇娥寃》
4. 羅貫中和《三國演義》
5. 施耐庵和《水滸傳》
6. 吳承恩和《西遊記》
7. 曹雪芹和《紅樓夢》
8. 魯迅和《阿Q正傳》
9. 巴金和《家》、《春》、《秋》
10. 金庸和武俠小說

(三) 文化思考：文學作品的文化價值

十三、倫理道德

(一) 基本的倫理觀念

(二) 倫理價值

1. 五倫
2. 家庭觀念
3. 宗族關係
4. 慎終追遠
5. 仁義禮智

6. 忠君愛國

7. 尊師重道

8. 仁愛

9. 捨生取義

10. 君子

（三）文化反思：倫理價值的優點和局限

十四、經濟貿易

（一）古代經濟的特色

（二）經濟知識

1. 以農立國

2. 重農輕商

3. 商品貿易

4. 鹽鐵官營

5. 金屬貨幣與紙幣

6. 官營及民間手工業

7. 賦稅徭役

（三）古代著名商港和商業名城

1. 廣州

2. 泉州

3. 揚州

（四）文化反思：傳統經濟的偏向和不足

十五、交通傳訊

（一）古代交通概況

1. 基本建設

2. 傳訊方式

（二）重要人物和文化交流

1. 張騫

2. 班超

3. 法顯

4. 玄奘

5. 馬可·波羅

6. 鄭和

（三）文化思考：交通和中華文化的傳播

十六、科學技術

（一）古代科技發展的特色

（二）重要發明

1. 數學

2. 天文

3. 曆法

4. 醫藥

5. 四大發明

（三）重要人物

1. 張衡

2. 蔡倫

3. 華佗

4. 祖沖之

5. 沈括

6. 李時珍

（四）文化反思：古代科技發展緩慢的文化原因

十七、藝術欣賞

(一)中國藝術的特質

(二)書法

1. 文房四寶
2. 傑出的書法家
3. 書體導賞

(三)繪畫

1. 傑出的畫家
2. 傑出作品導賞

(四)建築

1. 園林藝術
2. 石窟藝術

(五)音樂

1. 重要的樂器
2. 重要的作品

(六)舞蹈

十八、人文教化

(一)古代教育制度的特色

(二)教育常識

1. 太學、國子學
2. 書院、私塾
3. 京師大學堂
4. 四書五經
5. 六藝
6. 啓蒙字書

(三)古代的選士制度

1.「養士」風氣
2. 察舉制度
3. 九品中正制
4. 科舉制度

(四)重要的教育理念

1. 有教無類
2. 因材施教
3. 不恥下問
4. 循循善誘
5. 學思結合
6. 溫故知新

(五)文化反思:古代教育的優點和偏向

十九、語言文字

(一)漢字的產生和演變

(二)漢字的性質和結構

(三)語言知識

1. 方言和共同語
2. 官話、國語、普通話、華語
3. 文言文、白話文
4. 外來詞
5. 繁體字、簡化字、異體字

(四)字典辭書

(五)漢字和文化

二十、修辭語彙

(一) 漢語的特質

(二) 修辭語彙

1. 典故
2. 成語
3. 俗語
4. 格言
5. 諺語
6. 歇後語
7. 反語
8. 雙關語
9. 燈謎
10. 對聯

(三) 修辭語彙和文化

二十一、治亂興衰

(一) 中國政治發展的特質

(二) 中華民族的形成

1. 華夏始祖
2. 堯、舜、禹傳說
3. 漢族和少數民族

(三) 政治知識

1. 政府組織
2. 重要職官
3. 朝代興替
4. 禪讓與世襲
5. 仁政與霸政
6. 人治和法治
7. 謚號、封號、年號

(四) 文化反思：政治對文化的影響

二十二、歷史人物

(一) 中國歷史上的傑出人物

(二) 帝王

1. 秦始皇
2. 漢武帝
3. 唐太宗
4. 康熙帝

(三) 相輔

1. 周公
2. 張良
3. 諸葛亮
4. 魏徵
5. 范仲淹

(四) 將帥

1. 孫武
2. 李廣
3. 關羽
4. 岳飛
5. 鄭成功

(五) 欣賞歷史人物的風範

二十三、學術思想

(一)中國學術思想的特質

(二)重要的思想家

1. 孔子、孟子、荀子
2. 老子、莊子
3. 墨子
4. 韓非子
5. 董仲舒
6. 王充
7. 朱熹

(三)新文化運動

(四)文化反思：傳統思想的優點和不足

二十四、宗教人生

(一)中華民族的宗教精神

(二)原始宗教

1. 自然崇拜
2. 圖騰崇拜

(三)佛教

1. 佛陀生平
2. 基本要義
3. 佛經故事
4. 宗教聖地

(四)道教

1. 基本要義
2. 道教故事
3. 宗教聖地

(五)文化反思：宗教、人生與現代社會